DIAWL BACH LWCUS
Atgofion drwy C⸱⸱ ⸱n

Diawl Bach Lwcus

Atgofion drwy Ganeuon

GERAINT DAVIES

Gwasg Carreg Gwalch

Argraffiad cyntaf: 2019
Hawlfraint Geraint Davies/Gwasg Carreg Gwalch

Rhif Llyfr Safonol Rhyngwladol:
978-1-84527-721-5

Cyhoeddwyd gyda chymorth Cyngor Llyfrau Cymru

Dylunio'r clawr: Eleri Owen

Cyhoeddwyd gan Wasg Carreg Gwalch,
12 Iard yr Orsaf, Llanrwst, Dyffryn Conwy, Cymru LL26 0EH.
Ffôn: 01492 642031
e-bost: llyfrau@carreg-gwalch.cymru
lle ar y we: www.carreg-gwalch.cymru

Argraffwyd a chyhoeddwyd yng Nghymru

I ferch ddisgleiria' Mynyddbach a'r
Cyw Melyn Ola'

Ac er cof am Sbardun a John

Diolchiadau

Diolch i bawb – cyd-weithwyr, cyd-gerddorion, teulu a ffrindie – sy' wedi cefnogi f'ymdrechion i ar hyd y blynydde; i'r rheini ddwedodd bethe cadarnhaol yn ogystal â'r rhai feddyliodd bethe negyddol a'u cadw nhw iddi'u hunen. Ac os nad yw'ch enw chi wedi'i gynnwys yma, ry'ch chi'n dal yn rhan annatod a gwerthfawr o'r atgofion hyn.

Diolch hefyd i Lyn Eb, Myrddin a chriw Gwasg Carreg Gwalch am arweiniad, anogaeth a manylder wrth inni baratoi'r gyfrol fechan hon.

Lluniau: Rhys Padarn, Geraint Thomas, Wyn ap Gwilym, Garrod Roberts, Pauline Griffiths, Gruff Davies, Graham Pritchard, Siân Davies a sawl un anhysbys a/neu anghofiedig (sori!)

Cynnwys

Catherine Ann

Ma' Catherine Ann yn cerdded 'r hyd y brynie
Ma' Catherine Ann yn rhedeg rhwng y co'd
Mae'n gwrando ac yn syllu ac yn deall
Ma' Catherine Ann yn unarddeg mlwydd o'd
Ma'r hafau'n gynnes braf yng Nghwrt-y-Cadno
Y dŵr yn lân a'r awyr las yn glir
I Catherine Ann mae'n nefoedd ar y ddaear
Plentyndod wedi'i wreiddio yn y tir

Ma' Catherine Ann yn deyrn o flaen ei dosbarth
Yn mynnu bod bob dim yn dangos gra'n
Ei 'sgwydde'n teimlo baich ei chyfrifoldeb
O feithrin y talente sydd o'i bla'n
Mae'n taenu dysg, mae'n cynnig ysbrydoliaeth
A'r cyfan fel anadlu iddi hi
Mae'n rhannu byd tu hwnt i ddrws dychymyg
A swyno crwtyn bach di-glem fel fi

Ma' na bobol yn dod heibio allith newid cwrs y byd
Ma' na rai sy'n mynnu sylw mwy na'u siâr
Ac yna ma' na er'ill sy'n defnyddio cynfas llai
I gyfoethogi bro eu milltir sgwâr

'Cysga'r nos, cwyd yn fore, gwna dy waith, gwna dy ore,
Cadwa'r pethe pwysig yn dy galon
Cadwa lygad ar dy nod, paid ag ofni'r hyn sy i ddod
A chofia am y ffordd yn ôl sia thre'

Ma' Catherine Ann yn llonydd yn ei chader
Doethineb nawdeg mlynedd yn 'i gwên
Y llygaid llwyd o hyd yn llawn direidi
Ma'n anodd ganddi gredu'i bod hi'n hen
Mae'i chof yn dechrau crwydro hwnt ac yma
Mae'n teimlo dail y goedwig dan 'i thro'd
Ar lwybre bore oes yn Nyffryn Cothi
Ma' Catherine Ann yn un-ar-ddeg mlwydd o'd

Ma' na bobol yn dod heibio allith newid cwrs y byd
Ma' na rai sy'n mynnu sylw mwy na'u siâr
Ac yna ma' na er'ill sy'n defnyddio cynfas llai
I gyfoethogi bro eu milltir sgwâr

'Cysga'r nos, cwyd yn fore, gwna dy waith, gwna dy ore,
Cadwa'r pethe pwysig yn dy galon
Cadwa lygad ar dy nod, paid ag ofni'r hyn sy i ddod
A chofia am y ffordd yn ôl sia thre'

Ma' Catherine Ann yn cerdded 'r hyd y brynie

Fy atgof cynta yw eistedd wrth ford yn y gegin. Mae'r ford
yn un *drop leaf* bren gydag adenydd sy'n codi i'w hymestyn
yn ôl yr angen. Ond nawr mae'n gaeedig, wedi'i gwthio yn
erbyn y ffenest sy'n edrych mas ar yr iard gefn yn Gwenallt,
New Road. Rw' i ar un pen a ma' Mamgu ar y pen arall.
Rwy' bron yn dair blwydd oed, newydd ddod nôl o'r ysbyty.
Dyma nghartre newydd. Cyn y ddamwain, Nelson ym
Morgannwg oedd hwnnw ond nawr rwy yn Llanymddyfri,
y lle sy'n mynd i adael y marc mwya arna i. Dw i heb gwrdd
â Catherine Ann eto ond mater o amser yw hi.

Dosbarth Mrs (Catherine Ann) Preece 1963

Gweinidog oedd Nhad, wedi'i fagu ym Machynlleth cyn cael ei lyncu gan yr RAF yn ystod yr Ail Ryfel Byd (nid fel peilot na dim tebyg; â dweud y gwir, wnes i fyth ddeall yn union beth oedd ei swydd e yno). Ac yna gorffen ei astudiaethau yng Ngholeg Diwinyddol Aberystwyth a dechrau ei weinidogaeth yn Nelson a Llanbradach. Roedd Mam o Don Pentre yn y Rhondda, wedi'i hyfforddi'n athrawes, gyrfa ddaeth i ben dros dro wedi iddi hi briodi ac esgor ar ei chyntaf-anedig, sef fi, ym mis Chwefror 1953.

O ie, y ddamwain. Wrth lwc, dw i ddim yn cofio'r peth, ond dyma, yn ôl y sôn, ddigwyddodd. Roedd Mam wedi bod yn sâl (*jaundice*, os cofia i'r stori'n iawn) a tra bo Dad ar ei deithie o gwmpas ei aelode, llwyddodd y mab i dynnu tegell o ddŵr berw am ei ben. Fy nghefn ga'dd hi, a bu sawl wythnos mewn mwy nag un ysbyty i leddfu'r effaith.

Cymrwyd grafft o 'nghoes chwith ar gyfer adfer yr ardal lygredig ac mae'r olion i'w gweld heddi. Fel wedes i, dwi ddim yn cofio'r peth a dyw e erioed wedi bod yn broblem. Er weithie, pan fydd hi'n oer, oer, rwy'n teimlo rhyw wefr yn y goes lle tynnwyd y grafft. Ac rwy'n amau, er na wnes i ofyn yn blaen, na wnaeth Mam fyth faddau iddi'i hun. Falle bod hynny'n rhannol gyfrifol am y ffaith 'mod i wedi cael tipyn mwy o raff gan Mam ar hyd ei hoes (neu falle, wrth gwrs, mai dyna oedd ei natur hi).

Roedd Nhad yn fater gwahanol. Person cymhleth oedd Alun Bach. (Nid fi fedyddiodd e' fel 'ny, ac nid y fe oedd yr unig weinidog byr; ymhlith ei gyfeillion roedd Bob Bach Capel Hendre a Huw Bach y Bala.) Er iddo fe wrthod gwisgo'r goler gron, yn y pulpud yn ogystal ag yn ei fywyd bob dydd, roedd yna agweddau digon cul a cheidwadol yn perthyn iddo fe. Fydde hi ddim yn syndod i neb glywed bod y Sul yn sanctaidd – gwasanaeth yn y bore, Ysgol Sul, a phan o'n i'n ddigon hen, oedfa'r nos. Doedd dim teledu yn y cyfnod cynnar wrth gwrs (i bobol yn gyffredinol), ond roedd cyfle i danio'r radio (*Two-Way Family Favourites* amser cinio – dewis Mam, ddweden i). A rhaglenni digon syber Cymraeg y Welsh Home Service gan y BBC gyda'r nos. Yn ddiweddarach, roedd dylanwadau Americanaidd y 50au hwyr a'r 60au, at ei gilydd yn anathema iddo fe – o Coca Cola i Levis i ganu roc y cyfnod. Mwy am hynny i ddod.

Ond dyma'r dyn oedd yn gyfoed â Merêd, Robin Williams, Huw (Bach) Jones ac Alwyn Samuel, ac yn rhannu'u hangerdd dros ganu ysgafn, boed yn wreiddiol neu'n gyfieithiadau o ... ganeuon America! A fe oedd yn eistedd gyda fi ar y soffa wrth inni wylio rhaglen deledu'r

BBC, *Tonight*, fydde'n rhoi llwyfan rheolaidd i artistiaid fel Harry Belafonte, Joan Baez, Tom Paxton a Bob Dylan.

Dim syndod chwaith felly bod ein byd yn troi o gwmpas y capel. Ar wahân i'r Sul llawn, roedd y Band of Hope, cyrddau gweddi, seiadau, Cwrdd y Gwragedd ac ati yn rhan o amserlen y rhieni, gyda'r disgwyl mai dyna fydde'n patrwm ni'n nes ymlaen. Yna'r cymanfaoedd canu, cyngherddau gydag artistiaid poblogaidd y dydd fel Richard Rees, Anita Williams a'u tebyg – roedd y cyfan yn digwydd yn y capel. Digon naturiol i blentyn; dim ond yn nes ymlaen y daeth y sylweddoliad bod hyn yn 'boring' tost.

Roedd awdurdod a ffurfioldeb ymhobman; pawb yn Mr hwn neu'n Mrs hon. Ond un Mrs newidiodd 'y myd a 'mywyd i, sef Mrs Preece. Athrawes oedd Kate Preece yn ffrwd Gymraeg yr ysgol gynradd (Llandovery County Primary School bryd hynny; Ysgol Rhys Pritchard erbyn heddi). Ac fel athrawes Ysgol Sul y des i ar ei thraws hi gynta, cyn i fi ddod dan ei haden hi yn yr ysgol ddyddiol.

Trefniant anarferol oedd yn yr ysgol gynradd: ar ôl y dosbarthiadau derbyn a meithrin, roedd y plant yn cael eu ffrydio yn ôl iaith. Ond ar gyfer y bedair blynedd hyd yr *Eleven Plus* anorfod, dwy athrawes oedd yna, sef Miss Elsie Jones a Mrs Kate Preece. Ac i gymhlethu pethe ymhellach, roedd Miss Jones yn gyfrifol am Standard One a Standard Two, a Mrs Preece am Standard Three, Four a Five. Dryslyd? Yr esboniad oedd bod modd symud yn syth o Un i Dri, a threulio tair blynedd gyda Mrs Preece. A dyna ddigwyddodd yn f'achos i, er na chyrhaeddes i Standard Five (esboniad i ddilyn).

Does dim dwywaith mai Catherine Ann Preece fu'r

dylanwad mwya arna'i, ar wahân i'm rhieni – falle. Roedd hi'n fwrlwm o Gymreictod, yn genedlaetholwraig (er nad o'n i'n gwybod beth oedd hynny ar y pryd), yn caru'r 'pethe' ac yn benderfynol o drosglwyddo'r gwerthoedd gorau i'w disgyblion. Hi wnaeth sbarduno 'nghariad i tuag at sgwennu, at lenyddiaeth ac at yr iaith Gymraeg. Ac rwy'n weddol sicr taw hi roddodd fi ar lwyfan am y tro cyntaf y tu hwnt i gapel, mewn dramodig o'r enw 'Brenin yr Ellyllon'. (Ac ie, fi oedd y fe!) Doedd dim nonsens yn perthyn i Mrs Preece, fel athrawes nac fel arall. Nid pawb yn y dre oedd yn meddwl cymaint ohoni â fi. Gallai fod yn ddigon di-flewyn-ar-dafod. Roedd hi'n disgwyl y gore gan ei disgyblion, ond yn barod iawn ei chanmoliaeth o weld ymdrech i gyrraedd y nod. Os taw'r Beibl a Rhodd Mam oedd llawlyfrau'r capel, *Cerddi Gwlad ac Ysgol* (golygydd: T. Llew Jones) a *Help Llaw* (gramadeg, priod-ddulliau, diarhebion, cynghanedd hyd yn oed) oedd beiblau dosbarth Mrs Preece. Ac mae gen i gopïe o'r ddwy gyfrol o hyd, gyda stamp yr ysgol arnyn nhw (peidiwch â dweud wrth neb!).

Un o'i geiriau mawr hi (ar wahân i 'sgolar', sef y nod i bob un ohonon ni) oedd 'fflwcs', sef rwtsh neu sothach – 'Geraint Davies, paid â gwastraffu dy amser 'da'r hen fflwcs 'na.' Ac mae'n siwr bod fy hoffter i o gomics a chanu roc a rôl wedi bod yn siom iddi. Ond fe ddilynes i'r rhan fwya o'i dysgeidiaeth hi, gobeithio. Roedd yna groeso yn ei chartre hi hefyd, lle'r oedd hi'n byw gyda'i gŵr, Ivor, a'u labrador mawr du, Ianto. Di-Gymraeg oedd Ivor (a Ianto!). Ond roedd e'n meddu ar hiwmor sych a bachog oedd yn apelio'n fawr ata' i. Yn eironig, chawson nhw ddim plant eu hunain, oedd yn drueni o ystyried cariad Kate atyn nhw.

Roedd hi'n weithgar ac yn ffigwr amlwg yn y gymuned, ac rwy'n cofio gofyn pam nad oedd hi wedi'i hethol yn flaenor yn y capel. Ces i wbod mai dim ond dynion oedd yn cael eu hystyried ar gyfer swyddi felly. Ddes i ddim ar draws y gair 'patriarchaeth' am dipyn, ond wnes i ddeall ei ystyr e'n gynnar iawn. Yn ddiweddarach, ar ôl ein hamser ni yno, cafodd Kate Preece ei lle yn y sêt fawr. Hoffen i feddwl bod cyfnod mwy goleuedig wedi dod, ond hwyrach mai rhedeg mas o opsiynau gwrywaidd wnaethon nhw, gyda rhifau aelodaeth capeli'n crebachu'n gyffredinol erbyn hynny.

Symudodd ein teulu ni o Lanymddyfri pan o'n i'n ddeg oed, rhywbeth na wnes i fadde i'm rhieni am amser maith – a minne'n gorfod gadael dosbarth Mrs Preece. Fe gadwon ni mewn cysylltiad: fe fydden i'n cymryd mantais ar bob cyfle i fynd i'w gweld. Es i hyd yn oed â'm darpar wraig i'w chwrdd hi (chwilio am ei bendith hi?). Ond yn raddol pylodd y cysylltiad wrth i brysurdeb gwaith a theulu lyncu amser a meddwl. Ond wnes i byth ei hanghofio hi, a byddai cardiau Nadolig yn cael eu cyfnewid bob blwyddyn nes i mi glywed ei bod hi wedi colli Ivor ac yn ddiweddarach wedi gorfod symud i gartref y tu fas i Lanymddyfri.

Yn ystod gwanwyn 2001, daeth y syniad o rywle i fynd nôl i Lanymddyfri ar ryw fath o bererindod. Ro'n i yno erbyn wyth y bore, cyn i'r dre ddihuno. A bues i'n troedio hen lwybrau plentyndod a sylweddoli gymaint ro'n i'n ei gofio, a chyn lleied oedd wedi newid, ar yr wyneb beth bynnag. A dyma gerdded i'r cartref i holi am Kate Preece. Roedd hi wedi heneiddio ond yn fy nabod i'n syth. Ac fe gawson ni awr fach hynod bleserus o hel atgofion cyn i fi adael, gan addo dod nôl cyn bo hir.

O fewn wythnosau, cyn i fi gael cyfle i ddychwelyd, bu farw Catherine Ann Preece, ond ro'n i mor falch 'mod i wedi cael y cyfle i siarad â hi unwaith eto. Ac rwy'n dal i feddwl o ble ddaeth yr alwad i fynd yno'r diwrnod hwnnw. Yn ei hangladd, talodd ei nai, y Parchedig Cynwil Williams, deyrnged iddi gan fanylu ar ei phlentyndod yn Nyffryn Cothi. Ro'n i'n ei chofio hi'n sôn am Gwrt-y-cadno droeon pan o'n i'n grwt, ond dyma gael y stori'n llawn. Merch fferm Cwmdâr oedd Catherine Ann Jones, yn un o bedwar o blant i Nathaniel a Sarah Jones. Cafodd ei haddysg yn Ysgol Cwm Cothi cyn cerdded dros y mynydd i Lanymddyfri. Yno, wedi cyfnod fel athro-ddisgybl yno a chwrs hyfforddi carlam, derbyniodd swydd fel athrawes gynradd gan ddysgu, ac ysbrydoli, cenedlaethau o blant.

Ysgrifennes i 'Catherine Ann' yn 2006 wrth gychwyn ar y broses a arweiniodd at fy record unigol gynta. A dyna'r tro cynta i mi sgwennu rhywbeth i fi ganu, yn hytrach na rhywun arall, ers chwarter canrif. Heb Catherine Ann/Kate/Mrs Preece, mae'n bosib iawn na fydden i wedi cyfansoddi caneuon erioed. Felly mae'n addas 'mod i wedi talu teyrnged iddi trwy'r cyfrwng hwnnw. Mae'n gyfres o luniau, neu snapshots: yr ail bennill yw Mrs Preece fy athrawes, y pennill ola' yw'r Kate Preece y bues i'n ymweld â hi. A'r pennill cynta yw'r ferch ifanc Catherine Ann Jones, diolch i ddisgrifiad byw Cynwil. Ar un olwg, mae'n gân gymharol newydd; ond ar y llaw arall, bu'n cyniwair am dros ddeugain mlynedd.

I nifer o gyfansoddwyr, mae gorfod dewis un gân o'u heiddo fel gorfod penderfynu p'run o'u plant yw'r ffefryn, sef, i bob pwrpas, gorchwyl amhosib. Ac i'r rhan fwya ohonon ni hefyd mae'n cymryd amser, blynyddoedd, gan amla, i allu edrych yn wrthrychol ar gân; a sylwi bryd hynny ar y brychau, y rhagoriaethau. Ac weithiau, dim ond weithiau, gweld haenen newydd nad oedd yn amlwg hyd yn oed i'r cyfansoddwr wrth greu yn y lle cynta. Dyna pam mae nifer ohonon ni'n credu taw sianelu caneuon yr y'n ni o rywle dirgel yn yr isymwybod neu 'mas 'na'n rhywle'. Ond o ble bynnag dda'th hi, rwy'n falch iawn o 'Catherine Ann' ac yn credu'i bod hi ymhlith y gorau, os nad YR orau, imi'i chyfansoddi erioed.

Eira Mân

Eira mân, eira mwy
Un lôn fechan lle ddyle fod 'na ddwy
A ma' 'na blant yn rhedeg lawr y stryd
Yn taflu peli eira ac yn syrthio ar eu hyd
Hwyl a sbri
Ond rwy'n pryderu nawr amdanon ni
Ti a mi
Yn gyrru yn y storom wen

Llithro lawr y llethre nôl yn chwedeg tri
Peter, Mair a Gareth, Alun Jones a fi
Llusgo'r bocs orenau nôl i ben y bryn
Gweld y wlad yn cysgu dan ei chwrlid gwyn

Fi yw'r plentyn bychan yn y darlun hud
A fi yw'r dyn sy'n crynu wrth i'r storom siglo'r crud

Gwylio ambell gar yn mentro lawr y lôn
Wedi colli trydan, colli'r teleffôn
Tarmac yn troi'n risial yng ngoleuni'r lloer
Rhyw lonyddwch rhyfedd wrth i'r byd droi'n oer

Eira mân, eira mwy
Un lôn fechan lle ddyle fod 'na ddwy
A ma' 'na blant yn rhedeg lawr y stryd
Yn taflu peli eira ac yn syrthio ar eu hyd
Hwyl a sbri
Ond rwy'n pryderu nawr amdanon ni
Ti a mi
Yn gyrru yn y storom wen

Wrth sôn am dywydd eithafol yr ugeinfed ganrif, fel rheol mae'r blynyddoedd canlynol yn cael eu crybwyll: 1947, 1962/3 a Ionawr 1982. Rwy'n rhy ifanc i gofio'r gynta. Ond mae'r lleill yn fyw iawn yn y cof, oherwydd ... eira! Eira mawr! Llond gwlad ohono fe! Ond gymrodd hi sbel i'r atgofion gael llais mewn cân.

Eira 1963 – y mrawd, Gareth, Alun a fi

Anturiaethau eira 62/63 yw rhai o'm hatgofion ola' i o mhlentyndod yn Llanymddyfri, achos dyma'n gaea ola fel teulu bach yn Sir Gâr. Ond wnaeth hynny ddim torri'r cysylltiad – i fi, o leia – oherwydd os bydd rhywun yn gofyn o ble rwy'n dod, Llanymddyfri yw'r ateb byr. (Mae'r fersiwn hir yn fwy cymhleth.) Fe adewais i'r lle'n ddeg oed, ond does dim dwywaith taw dyna'r lle greodd fi. Mae 'na anghytundeb ynglŷn â phwy bia'r dyfyniad: 'Rhowch imi'r bachgen tan yn saith mlwydd oed ac fe roddaf i chi'r dyn' – Aristotle neu Ignatius Loyola neu Sant Ffransis Xavier. Pa un bynnag, roedd e'n wir yn fy achos i.

Cafodd fy chwaer a 'mrawd eu geni yno, ond does ganddyn nhw'r un cysylltiad â'r lle; chwech a phedair o'n nhw pan adawon ni am Abertawe. Mae'r gwahaniaeth rhyngddon ni'n amlwg wrth wrando ar ein hacenion ni. Mae Menna wedi byw ei bywyd am gyfnodau hir mewn gwledydd tramor ac mae hi'n fwy niwtral ei Chymraeg falle. Ond mae Emyr, er ei fod wedi byw yng Nghaernarfon ers dros ddeng mlynedd ar hugain, yn dal i sôn am Nadôlig, Trefôrys, yfôry, y lliw mêlyn ac yn oifad lan y tyle i mofyn taffish, lle bydda i'n nofio lan y rhiw i ôl loshin (sy'n neud llawer mwy o sens wrth gwrs). Mae Emyr a Neil Rosser yn deall ei gilydd i'r dim.

Mae Llanymddyfri a'r cyffiniau'n frith o hanes, yn enwedig hanes crefyddol. Dyma ardal Williams Pantycelyn a'r Ficer Pritchard, ac ardal Meddygon Myddfai yn ogystal. Yn nes ymlaen y des i ddeall a gwerthfawrogi pwysigrwydd y rhain, ond yr enw daniodd ddychymyg y crwtyn bach yma ar y pryd oedd Twm Siôn Cati.

Plant y Mans o'n ni. Nawr, mae mansys a mansys i'w cael. Rwy wedi ymweld â rhai digon mawreddog, ond wnes i erioed fyw mewn un. O gof tila am ymweliadau diweddarach, tŷ digon cyffredin oedd 24 Shingrig Road, Nelson. Tŷ teras oedd Gwenallt yn Llanymddyfri. A semi o 30au'r ugeinfed ganrif oedd Cruglas, Bonymaen, ein cartre nesa. Doedd dim byd moethus na breintiedig ynglŷn â'n magwraeth ni. Gwir, doedd dim tlodi go iawn ond ro'n ni'n ymwybodol bod pethau'n ddigon main yn ariannol. Roedd y ffaith bod Mr Davies yn cael byw yn y Mans yn cael ei adlewyrchu yn ei gyflog e'. Ac, wrth gwrs, fel roedd pethe ar y pryd, roedd 'na elfen o BOGOFF (buy one, get one free) gan fod disgwyl i 'Mrs Davies y gweinidog' gyflawni nifer o swyddi hefyd, o fod yn ysgrifenyddes i'r gweinidog i fod yn organyddes wrth gefn. Ac wrth gwrs, fel y gwragedd eraill, helpu yn y gegin adeg unrhyw weithgaredd. Roedd hyn oll yn treiddio lawr i'r plant. Yn gynnar iawn sylweddoles i fod disgwyl i blant y gweinidog gymryd rhan ymhob dim, a rhagori ymhob dim. Abswrd! Roedd y plant eraill mor alluog, neu'n fwy felly. Ond rywsut roedd disgwyl i blant y Mans gael 'A' serennog bob tro. Ac ar ben hynny, chi oedd pren mesur ymddygiad plant y capel. Ac roedd mwyafrif llethol plant yr ardal yn mynychu capel neu eglwys yn y cyfnod hwnnw. 'Paragons of virtue', chwedl y Sais. Wrth gwrs, doedd ond un ffordd i ymateb i hyn yn blentyn ifanc, sef … cydymffurfio a phlygu i'r drefn. Byddai'r gwrthod a'r gwrthryfela'n dod yn nes ymlaen.

Nid Tabernacl (M.C.) oedd yr unig gapel wrth gwrs. Roedd capeli eraill nad o'n ni'n eu mynychu (hen jôc enwadol). Yn yr un stryd o fewn tafliad carreg, roedd Salem (Annibynwyr) ac Ebenezer (Bedyddwyr). A heb fod ymhell, roedd Capel Coffa William Williams Pantycelyn (neu fel oedd e'n cael ei nabod, 'Memorial'), sef, syndod y byd, capel Saesneg ei iaith. Roedd Oswald Davies, y gweinidog, a Nhad yn ffrindie, ac mae ei blant Mair a Peter yn rhan o gân 'Eira Mân'. Ar ben hynny, mae dwy eglwys hynafol yn pegynnu Llanymddyfri, sef Llandingat a Llanfair-ar-y-bryn.

A dyma ddod nôl at bwnc eira. Mae Eglwys Llanfair-ar-y-bryn, fel mae'r enw'n awgrymu, yn edrych lawr ar dre Llanymddyfri, gyda thir serth o dani – tir delfrydol i'w ddefnyddio ar gyfer llethr tobogan neu sled petai 'na eira. A doedd dim prinder o hwnnw yn ystod gaea 1962/3. Ro'n i'n byw'n ddigon agos i'r ysgol. Ond gyda chynifer o blant yn byw tu fas i'r dre ar ffermydd ac mewn pentrefi anghysbell, a gyda sustemau gwresogi'n methu, cau am rai wythnose fu hanes yr ysgol gynradd, gan roi amser i ni fel plant ddiddanu'n hunain yn yr eira. A dyna lle buon ni, criw naw a deng mlwydd oed yn rhuthro lawr ar hyd yr eira o eglwys Llanfair i'r gwaelod. Iechyd a diogelwch? 'Risk assessment'? Go brin.

Mae hyn gystal lle â'r un i ofyn y cwestiwn: ges i fy magu mewn cartre cerddorol? Wel do, sbo, ond ar lefel digon cyffredin o edrych nôl. Fel y sonies i, roedd Nhad yn hoff o ganu ac yn ffrindie gyda nifer o enwau mawr canu ysgafn y cyfnod, ynghyd â hoelion wyth y genedl fel Llwyd o'r Bryn fydde'n galw ar ei deithie'n gymharol amal. Roedd Mam yn medru'r piano (bryd hynny, roedd piano'n beth cyffredin mewn tai), ac, os oedd rhaid, yr organ. Ond does gen i ddim cof ei chlywed hi'n canu erioed ac eithrio fel rhan o ganu cynulleidfaol. Ac wrth gwrs, roedd canu'n rhan hanfodol o fywyd capelyddol y cyfnod, a chymanfaoedd canu yn eu bri.

Ac fe gawson ni fel plant bob cyfle i feithrin unrhyw dalente cerddorol, ond weithiodd hynny ddim yn f'achos i fel crwt. Gwersi canu gyda Beryl Rees, gwraig roddodd gychwyn ar yrfa sawl canwr adnabyddus? Dim diolch. Beth ddysges i ganddi hi (a dim bai arni hi) oedd bod gen i lais tenau, ac felly heb fod yn fawr o ganwr yn ôl safone'r oes. (Rwy'n gadel bwlch yma er mwyn i bobol ychwanegu unrhyw sylw angharedig am fy llais i nawr.) Gwersi piano gyda Mrs Hamilton Evans? (Mae'n dweud y cyfan am y cyfnod na wnes i fyth wybod beth oedd ei henw cynta hi; atodiad oedd hi i'w gŵr!) Daeth rheini i ben ar ôl iddi hi gael rhyw fath o 'nervous breakdown'. Ai fi oedd ar fai tybed? Wedyn, adrodd. Mae gen i ryw rubanau am ennill neu ddod yn ail/trydydd/'placed' mewn eisteddfodau lleol yn yr ardal. Ond y gwir yw, ro'n i'n casáu'r holl beth. Dwi ddim yn berfformiwr naturiol nac erioed wedi bod yn un.

Ac mae'r anniddigrwydd hwnnw wedi tyfu dros y blynyddoedd.

Wedi dweud hynny, yn ystod y cyfnod cynnar hwn, fe ges fy nenu tuag at, o bob peth, y feiolin. Mewn capel yn y wlad y digwyddodd e, lle torrodd deuawd ar y ffidil ar draws trefn naturiol (ac undonog) Cymanfa Ganu o gyfeiliant organ neu biano. Go brin 'mod i wedi gweld offeryn arall ar wahân i biano neu organ bryd hynny. Felly roedd hyn yn gyffrous, yn wahanol ac yn hylaw. Pa mor anodd alle hi fod? Wel, anodd iawn fel mae'n digwydd, a diflas hefyd, wrth i fi greu seiniau aflafar fydde'n gneud i gath wingo. Ond ro'n i wedi perswadio fy rhieni i brynu offeryn, felly roedd yn rhaid cario mlaen. A mlaen ... a mlaen.

Ond yna, yn wyrthiol, rhwng gwersi feiolin, canu cynulleidfaol a methiannau gwersi canu a phiano, daeth achubiaeth. Fe wnes i ddarganfod pop a roc a rôl. Roedd sinema Llanymddyfri'n atyniad i blant y dre, yn arbennig ar bnawn Sadwrn. Ac yn yr oes honno, roedd hi'n cymryd amser i bethe deithio o America, i Lundain, i'r dinasoedd ac yn y pen draw i drefi diarffordd Cymru. *Rock around the Clock*, *The Girl Can't Help It*, *Tommy Steele*, ffilmie cynnar Elvis – llyncon ni'r cyfan gydag afiaith. Ac yna, ar nos Sadwrn arbennig ym 1961, ar raglen ITV *Thank Your Lucky Stars*, perfformiodd y canwr a'r actor John Leyton gân o'r enw 'Wild Wind'. Artist angof bellach, a chân wnaeth fawr o argraff ar neb ar y pryd ... ar wahân i fi. Chwythwyd fy meddwl bach wyth mlwydd oed.

Ro'n i am glywed mwy, a'r ffordd orau o wneud hynny oedd sioe radio *Pick of the Pops* gydag Alan Freeman, un o'r ychydig raglenni pop ar radio'r BBC ar y pryd, a hynny ar brynhawn Sul. Doedd hynny ddim yn cael ei groesawu'n arbennig yn ein tŷ ni. Ond ro'n i'n cael rhyddid i fynd i weld fy ffrindie, ac i gartre Janet, Hywel a Gareth Thomas ar stad Maesglas y byddwn i'n mynd yn rheolaidd i glywed y seinie diweddara – a gneud nodyn o hynt a helynt y recordie yn y siart. Mae'n siwr taw Janet oedd y dilynwr pop – roedd hi dipyn hŷn na'i brodyr – ond Gareth oedd fy ffrind agosa. Ry'n ni'n nabod ein gilydd ers yn bedair oed, a fe bellach yw'r cysylltiad ola â Llanymddyfri, ac mae'n braf mynd draw i'w weld e bob yn hyn a hyn a hel atgofion plentyndod. Wedyn, ar ôl swnian parhaus, ces i radio transistor Perdio Piccadilly yn anrheg Nadolig oedd â'r fantais i weddill y teulu o fod â ffôn clust oedd yn diffodd y sain i bawb arall. (Roedd hyn hefyd yn fy ngalluogi i i wrando ar Radio Luxembourg yn hwyr y nos heb fod neb yn clywed – ie, dan y gobennydd!) Mae hi gen i o hyd, ond ddaw dim smic allan ohoni bellach.

Roedd fy ffrindie eraill, Mair, Peter ac Alun yn byw yn yr un stryd â ni. A bydden i'n treulio tipyn o amser yn nhŷ Alun hefyd, un o'r rhai ar ben y stryd oedd dipyn crandiach na'n rhan ni o'r dre. Yn fwya arbennig, roedd yna atig anferth ddigon uchel i sefyll ynddi hi, lle'r oedd gan Alun set trenau trydan wedi'i gosod yn barhaol ar ford. A bocs yn llawn o gomics *Lion*, rhai'n deillio nôl i gyfnod ei frawd tipyn hŷn oedd wedi ymfudo i Ganada i fod yn beilot. Rhywbeth arall adawodd Gareth Jones ar ôl oedd casgliad bychan o recordie, gan gynnwys yr LP anfarwol *The Buddy Holly Story*. A dyma selio'r garwriaeth rhyngddo i â chanu pop. A nes ymlaen, *The Buddy Holly Story* oedd y record hir gynta i fi ei phrynu.

Felly roedd y ddau ddylanwad drwg, pop a chomics,

wedi'n rhwydo i, a hynny'n gynnar iawn yn fy hanes. Fu 'na ddim edrych nôl. Ar gornel pen arall y stryd, gerllaw'r ysgol gynradd ac Ysgol Uwchradd Pantycelyn roedd siop bapurau Glenwyn, hen lanc hoffus. Yno y byddwn i'n gwario pob ceiniog sbâr ar gomics o bob math, yr wythnosolion fel *Victor*, *Hotspur*, *TV Express* a'u tebyg gyda'u cyfuniad o stribedi dwy-dudalen i'r 'shilling comics', chwedl Glenwyn, sef y *Picture Libraries*. Roedd y rheiny o faint nofelig gyda storïe cyflawn 64 tudalen. Ac ar ben y darllen, dechreuodd y casglu hefyd, rhywbeth sy'n wendid ynddo'i hyd heddi.

Rhoddwyd brêc ar bethe am ychydig pan fues i'n dost am rai wythnose un gaea caled pan oedd rhaid i fi ofyn i'm rhieni alw ar Glenwyn i gael fy *fix* cyson. A daethon nhw i sylweddoli maint y brwdfrydedd/clefyd. (Hynny a'r pentwr o bapurach oedd yn prysur lenwi fy stafell wely fechan.) O ganlyniad, fe ddatblyges i ddawn anhygoel i guddio pethe o gwmpas y tŷ ac yn y sied.

Plentyndod hapus ges i yn Llanymddyfri, ac eira mawr 62/63 yn coroni'r cwbwl. Erbyn yr haf, ro'n ni wedi symud i le gwahanol iawn – Bonymaen, Abertawe.

Ond atgofion plentyn yw'r rhain. Yn ddiweddarach yn fy hanes, ces i fwy nag un enghraifft o ba mor beryglus a diflas y gall eira fod. Ugain mlynedd union yn ddiweddarach, roedd cwrs Cymraeg yn dirwyn i ben yng Ngwersyll yr Urdd, Llangrannog ar ddechre Ionawr 1982 pan darodd y storom eira fwya ffyrnig ers blynyddoedd. Ar y bore Gwener, pan oedd pawb i fod i adael, tua chant o ddisgyblion chweched dosbarth a thiwtoriaid, fe ddaeth hi'n amlwg nad oedd neb yn mynd i 'nunlle y diwrnod hwnnw, a sawl diwrnod i ddod. Roedd bwyd yn brin, oherwydd diwedd cwrs oedd hi a neb yn dod i mewn i'r gwersyll i'n dilyn ni.

Yng nghanol y bore cynta, diffoddodd y trydan ac aethon ni ati ar frys i gladdu'r hyn oedd 'na ar ôl o'r rhewgell anferth i ganol yr eira. Ac wrth inni orffen, daeth y trydan nôl. Mynd a dod wnaeth e am y dyddie nesa. Aeth criw lawr i'r pentre a phrynu popeth bron oedd ar gael i'w fwyta, a buon ni'n cerdded draw i'r ffermydd cyfagos am ddyddie i sicrhau cyflenwad o laeth ffres. Roedd dwy o blith y myfyrwyr yn brin o'r insiwlin oedd ei angen arnyn nhw a bu'n rhaid trefnu i hofrenyddion ollwng cyflenwad o gyffuriau o'r awyr lawr i'r traeth. Ar yr adege pan o'n ni heb bŵer na gole, bydde goleuadau Aberystwyth yn olygfa arallfydol ar draws y dŵr, a'n cysylltiad ni â'r byd oedd trwy radio CB a rhaglen *Stondin Sulwyn*. Gymrodd hi amser hir i bethe ddadleth a normaleiddio ac roedd hi'n wythnos union cyn i ni allu cael pawb adre – wythnos o straen, dewrder, cyd-dynnu a phrofiad bythgofiadwy i bawb oedd yno. Dyna ochr arall rhamant cawod eira.

Ac mae gyrru mewn eira'n fater arall eto. Rwy'n cofio gyrru o Aberystwyth i Gaerdydd adeg lansio cymeriad Mistar Urdd – taith unig a streslyd. Ond doedd hynny'n ddim o'i gymharu â thaith o Aberporth, lle'r o'n i wedi bod yn recordio rhaglen radio ar leoliad gyda'r cyflwynydd Elinor Jones a'n peiriannydd Aled Wood, y tri ohonon ni wedi teithio o Abertawe. Wrth inni recordio ro'n i'n gweld trwy ffenest y tŷ yr eira'n disgyn, yn ysgafn i ddechre, yna'n drymach ... Erbyn inni adael, roedd hi'n amlwg bod her o'n blaen ni. Bu'n rhaid troi nôl sawl gwaith cyn gweithio'n ffordd ar draws gwlad a chyrraedd Llandysul. Doedd dim modd mynd ymhellach, a dyma droi at westy'r

Porth, gyda'r gobaith o aros y nos. Erbyn hynny, wrth gwrs, doedd dim stafell ar ôl, felly cysgu yn y bar oedd fwya tebygol. Ymhen ychydig orie, fodd bynnag, roedd pethe wedi gostegu rhywfaint, a thrwy gonsensws fe benderfynon ni fynd amdani. Yn ara deg, fe deithion ni ar hyd llwybr anuniongyrchol lawr i Gaerfyrddin ac yna ymlaen i Abertawe yn ddiogel. Mae gyrru trwy eira trwm ar eich pen eich hun yn brofiad unig tu hwnt. Ond mae'r cyfrifoldeb o yrru gyda phobol eraill yn y car yn waeth, credwch chi fi. Erbyn hyn, pan ddaw eira o unrhyw drwch, rwy'n mwynhau'r prydferthwch, y tawelwch a'r arafwch sy'n dod yn ei sgîl, ac mae mynd am dro'n brofiad hudol. Ond mae angen rheswm da iawn i fi fentro yn y car.

Penlan
(Geiriau Robat Powel)

Ar y bryn uwch Abertawe
Lle mae'r niwl yn cuddio'r bore
Dyma'r cŵn yn dal i chware yn y fan
Ac o dlodi'r tai lliw ulw
Cama mam â'i hwyneb gwelw
Trwy'r awelon sydd yn galw plant Penlan

Yma gwêl y dref o'i blaen
O Gwmdu i Fonymaen
Lle bu'r gweithiau gynt yn staen ar lawer stryd
Gwêl y môr yn golchi'r fro
Lle bu'r llongau tal un tro
Tan eu hwyliau'n llwytho'r glo i dwymo'r byd

Ond o galon y stad fe glyw leisiau mwynhad
A phenillion Cymraeg yn atseinio o'r graig
Llais ei bychan ei hun, iaith yr haul ar ei fin
Yn atseinio trwy'r fan yn awelon Penlan

Dyma'r niwl yn dechre chwalu
Uwch y dre mae'n dechre glasu
Tonnau'r bae yn taer serennu hyd y lan
Dyma'r haul yn euro'r bore
Dyma'r plant yn ôl yn chware
A'r Gymraeg ar eu gwefuse ym Mhenlan

Ac yn llawen ei gri rhed ei mab ati hi
Yr un perta' erioed yn ei holl bedair oed
Ei ddau lygad ar dân a'i iaith newydd yn gân
Yn atseinio trwy'r fan yn awelon Penlan.

Operetta Capel y Cwm 1964 – ble mae'r Wali?

Roedd y symudiad i Fonymaen yn rhywfaint o sioc i'r sustem, o dre fach wledig i un o faestrefi Abertawe. (Doedd hi ddim yn ddinas eto, ond dipyn mwy na Llanymddyfri.) Roedd Bonymaen yn mynd trwy newid mawr, gydag adeiladu stad enfawr o dai, ac ysgol uwchradd newydd Cefn Hengoed ar fin cael ei chodi. Roedd dwy ysgol gynradd eisoes o fewn tafliad carreg i'w gilydd, ond os am addysg Gymraeg, byddai'n golygu taith ar fws. Roedd y lle'n newid yn ieithyddol hefyd, rhywbeth oedd i'w weld yn amlwg yng ngweithgareddau'r capel (canolbwynt ein bywyd cymdeithasol ni o hyd). Roedd y genhedlaeth hŷn yn Gymry Cymraeg, a nifer helaeth yn perthyn i'w gilydd – cymuned glòs oedd yn y broses o chwalu. Ond roedd nifer o'u plant wedi priodi pobol ddi-Gymraeg, a'r iaith o ganlyniad yn aml heb ei throsglwyddo i'r wyrion. Felly, er mai Cymraeg oedd iaith addoliad a phregeth, roedd nifer o'r gweithgareddau ymylol yn troi'n ddwyieithog ar y gorau.

Roedd, ac mae, Salem, Capel y Cwm yn glamp o adeilad, ond roedd hefyd yr Hen Gapel gwreiddiol drws nesa, oedd wedi'i addasu – y llofft bellach yn theatr fechan amrwd a'r llawr yn lleoliad yr Ysgol Sul i ni blant. Yn y llofft, roedd traddodiad wedi tyfu o lwyfannu operetas blynyddol i blant (yn Saesneg) ac roedd disgwyl, wrth reswm, i blant y Mans gymryd rhan. Eto, ar wahân i'r cyfle i whare'r ffŵl yn ystod ymarferion mewn lle oedd fel rheol yn sych a syber, roedd y perfformio'n dân ar 'y nghroen i.

O ran ysgol, blwyddyn anhapus a hiraethus at ei gilydd ges i yn Ysgol Lôn Las, yn newydd-ddyfodiad i griw o blant oedd wedi nabod ei gilydd ers yn bedair oed. Doedd hi ddim yn ddrwg i gyd; ges i mo 'mwlio na dim byd felly ac roedd pawb yn ddigon caredig. Ond fel yng nghymdeithas glòs Capel y Cwm, do'n i ddim yn teimlo 'mod i'n perthyn. Yr athro dosbarth oedd Huw Phillips, yr unig ddyn ar y staff, dyn hynaws fu am flynyddoedd yn ohebydd a sylwebydd chwaraeon amlwg ar y radio, gyda chriced yn ddiddordeb arbennig. Trwy gyd-ddigwyddiad, aeth sawl cyd-ddisgybl ymlaen i wneud enw fel actorion – Emyr (Glasnant) Young, Hazel Williams a Victoria Plucknett, ac roedd Siân Morris, merch yr anfarwol Islwyn Morris, hefyd yn yr un criw. Rhannu desgiau i ddau oedd y drefn, a phenderfynwyd fy efeillio i â mab Mans arall, Emyr Young. Os taw'r gobaith oedd y bydden i'n setlo'n haws ac y bydde dau fab i weinidog yn gwbod sut oedd bihafio, ofer fu'r ymdrech. Yn fuan iawn, ca'dd y ddau fachgen drwg eu gwahanu, a threuliais i weddill y flwyddyn yn rhannu gyda Victoria, sy'n dal i gyfeirio ata i fel 'Geraint Davies

Dosbarth Pedwar' (roedd Geraint Davies arall yn nosbarth tri, ond ar ôl hanner canrif a mwy, Victoria?).

Roedd arholiadau'r 'Eleven Plus' yn dal yn eu bri, yr arfer afiach hwnnw o benderfynu ar botensial plentyn yn un-ar-ddeg, y rhai mwy 'academaidd' (oes modd bod yn academaidd yr oedran hynny?) yn mynd i ysgolion gramadeg a'r lleill yn cael addysg fwy technegol, ac yn amlach na pheidio eilradd, mewn 'Secondary Modern'. Roedd Abertawe ar flaen y gad o ran sefydlu ysgolion cyfun newydd oedd yn dechre disodli'r 'Sec Mods'. Ac roedd yr ysgolion gramadeg lleol yn symud i'r un cyfeiriad (doedd polisi'r Cyngor ar addysg Gymraeg ddim mor oleuedig). Fe lwyddes i i basio'r arholiad a chael dewis, fel pawb arall, o blith tair ysgol uwchradd i fechgyn. Roedd merched yn cael dewis tebyg, ond nid i'r un llefydd; ysgolion unrhyw oedd y norm yn Abertawe bryd hynny. Y canlyniad oedd *stretch* saith mlynedd yn Ysgol Dinefwr, neu, â bod yn fanwl, 'Dynevor Grammar School for Boys', lle arall oedd yn mynd trwy newid, gyda chymysgedd o staff hen-ffasiwn (gynau du, disgyblaeth gorfforol ac ati) ac eraill yn dechre ar eu gyrfa er nid wastad yn fwy goleuedig.

Sefydliad hollol Brydeinig oedd Dinefwr. Doedd Cyngor Abertawe ddim yn cynnig addysg uwchradd Gymraeg, nac yn fodlon i ddisgyblion groesi'r ffin i rywle lle'r oedd dewis. Oherwydd ethos yr ysgol, gymrodd hi amser hir i fi sylweddoli (mewn un achos, ddim tan y chweched dosbarth) bod canran uchel o'r staff yn Gymry Cymraeg, gan gynnwys tri aelod o'r adrannau gwyddonol oedd ymhlith hoelion wyth Cymdeithas y Ddrama Gymraeg yn Abertawe! Ai'r unigolion ynte'r ysgol oedd ar fai? Neu ai fi oedd yn dwp? Chawn ni fyth wybod.

I ychwanegu at y darlun o Seisnigrwydd cynhenid, mae'n werth nodi bod cant a hanner o ddisgyblion wedi ymuno â'r ysgol ym Medi 1964, saith ohonon ni'n unig yn Gymry Cymraeg. Yn fwriadol ai peidio, llwyddwyd i rannu'r rheini oedd yn gadael dwy ysgol gynradd Gymraeg Abertawe rhwng cynifer o ysgolion fel eu bod nhw mewn lleiafrif bychan iawn lle bynnag yr o'n nhw. Fe'n rhoddwyd ni'n saith yn yr un dosbarth, ond doedd hynny fawr o help, fel y gwelson ni'n glir pan ddaeth hi'n amser 'Welsh' (chware teg): dosbarth o ddeuddeg ar hugain, gyda phump ar hugain yn ddi-Gymraeg, a saith yn meddu'r iaith. Sylwer – un dosbarth. Y canlyniad oedd pump ar hugain yn cael gwersi gramadeg elfennol a'r saith arall yn cael eu gosod yn y cefn â chopi o nofel i'w ddarllen. Yn amlach na pheidio, dyna oedd y patrwm.

Felly fe ddechreues i fyw mewn dau fyd – y cartre a'r capel wrth gwrs yn Gymraeg (er bod yr iaith fain yn treiddio i mewn yn ara deg i fan'ny) a bywyd Seisnig yr ysgol. Dau grŵp o ffrindie hefyd, gan nad oedd plant o'r un ardal o anghenraid yn mynychu'r un ysgol. Ac fel hwyrddyfodiad anfodlon i'r ardal, ces i hi'n anodd gneud ffrindie beth bynnag. Mae'n dweud llawer nad ydw i wedi cadw cysylltiad ag unrhyw un o'm cyd-ddisgyblion yn ysgol Dinefwr.

Un o'r unig elfennau Cymraeg yno oedd yr eisteddfod flynyddol adeg Gŵyl Ddewi, er bod honno'n rhoi cymaint o fri ar Wordsworth ag ar Williams Parry. Serch hynny, dwy eisteddfod sy'n dwyn rhai o atgofion hapusaf cyfnod Dinefwr i gof. Yn gynta, cystadleuaeth unawd offerynnol gyda llawer o grafu feiolynau (na, nid fi), recorders a darnau piano blodeuog, cyn i Paul Henry ddod i'r llwyfan, gyda dim ond organ geg. Ffan y *blues* oedd Paul, a dyna beth gawson ni – munudau o chwythu nodau amrwd egnïol gododd y to, i'r disgyblion os nad i'r staff a'r beirniad. Wrth reswm, wedi swyno'i gyd-ddisgyblion a dangos llwybr gwahanol, daeth Paul yn ola' yn y gystadleuaeth, er mawr rwgnach o'r gynulleidfa. Ysgol fel'na oedd hi. Llwyddodd Paul i recordio E.P. offerynnol (*blues* wrth gwrs) i Recordiau'r Dryw yn nechrau'r 70au cyn dewis dilyn bywyd bohemaidd, yn syrffiwr, gan rannu'i amser rhwng Bro Gŵyr a Sbaen. Cymeriad.

Eisteddfod arall, a'r uchafbwynt yn cyrraedd (roedd y bar yn isel), sef cystadleuaeth y côr. A dyma rebel arall yn amlygu'i hun, wrth i'r cantorion ffurfio'n gôr ac yntau'n ymuno â nhw i'w harwain gyda'i faton yn ei law ... Na, drïwn ni hwnna eto ... gydag ymbarél yn ei law. Eto, codi'r to wrth i Dewi Grey Morris danseilio difrifoldeb y gystadleuaeth trwy arwain ... wel, fe allwch chi ddychmygu. Doedd e ddim yn 'Pws' eto, ond roedd e eisoes yn glown. Ac, wrth gwrs, gan fod Dewi'n Dewi, dyw e ddim yn cofio'r stori o gwbwl.

Wedi dweud hyn i gyd, fe ges i addysg gynhwysfawr, a chyd-dynnu at ei gilydd gyda'r athrawon. Un athro ysbrydoledig oedd Clifford Evans ('Bunny' – bychan ei faint, mawr ei ddannedd), y dirprwy brifathro. Dyn byr, digon siarp ei ffordd a'i dafod, ond un oedd am i chi ddysgu mwy na ffeithiau moel. Wrth ddilyn digwyddiadau'r ddeunawfed ganrif, byddai'n troi at ddisgybl a gofyn beth ddigwyddodd nesa? Wedi cael ateb (cywir), ei gwestiwn nesa fyddai 'Pam?'. A dyna oedd ei bwyslais e – roedd y rhesymau y tu ôl i ddigwyddiadau mor bwysig, os nad pwysicach, na chael union ddyddiad neu enw'n iawn (er, roedd hynny'n help). Fe, cymaint â neb, ddysgodd i fi sut i ddadansoddi a holi yn hytrach na derbyn.

Ar y pegwn arall roedd Clive John, fy athro cerdd, dyn aeth ymlaen i wneud enw iddo'i hun fel arweinydd llwyddiannus rhai o gorau mwya llewyrchus yr ardal, gan gynnwys Côr Philharmonic Abertawe. Dyn digon cyfeillgar, ond er ei fod e'n dal yn ei ugeiniau 'roedd ei ddiddordebau cerddorol yn hen-ffasiwn. Doedd canu poblogaidd ddim yn dderbyniol o gwbwl; ei arwr mawr oedd Johann Sebastian Bach, ac rwy'n cofio'n dda cael gwaith cartre, sef llunio harmonïau pedwar rhan (SATB) i alaw oedd wedi'i darparu. Ges i hwyl fawr wrthi, ond marcie coch frithodd y copi wedi i fi gael y gwaith yn ôl. Bydd y cerddorion go iawn sy'n darllen hwn yn deall beth yw 'parallel thirds', pechod cerddorol mae'n debyg, yn sicr i Clive. A phan geisies i amddiffyn y darn a'i fod e'n swnio'n grêt i nghlustie i, ces wybod na fydde Bach byth wedi defnyddio'r 'parallels'. A dyna ni. Rhyw wrthdaro fel'na arweiniodd at y penderfyniad i beidio ag astudio cerdd ar ôl fy Lefel 'O', rhywbeth rwy'n difaru bellach gan i fi golli'r cyfle i drwytho fy hunan yn egwyddorion cerddoriaeth, y theori. Un o f'arwyr cerddorol, Graham Nash, nododd bod dau ddosbarth, sef cerddorion a chwaraewyr ('musicians and players'). Oherwydd y penderfyniad ym 1969, rwy'n perthyn yn bendant i'r ail ddosbarth yna.

Rhywbeth arall ddaeth i ben ar ôl y Lefel 'O' oedd y gwersi feiolin, rhywbeth na chafodd eu gadael ar ôl yn Llanymddyfri. F'athrawes yn Abertawe oedd Miss Grace Geddes, hen ferch mewn *tweed* oedd yn byw gyda'i chwaer yn Sgeti. Eto, gwraig ddigon addfwyn, a ro'n i'n teimlo'n euog ar adegau fy mod i'n twyllo gan y gallen i ddarllen copi'n eitha rhwydd, a hynny'n rhoi'r argraff 'mod i wedi bod yn ymarfer, lle'r o'n i mewn gwirionedd yn gneud y lleiafswm posib. Ond pan o'n i tua phedair ar ddeg oed, ar ôl ymgyrch o berswâd domestig, ces i'n gitâr gynta am y pris tywysogaidd o £6. Roedd hyn yn dilyn ymgyrch debyg o lobïo am beiriant recordiau. Y gitâr bellach oedd yn cael y sylw, ac yn y diwedd, trawyd bargen gyda'm rhieni y byddwn i'n mynd trwy arholiad ymarferol Lefel 'O' ar y feiolin (oedd yn cyfateb rwy'n credu i Radd 5) ac yna'n cael rhoi'r gorau i'r gwersi. Roedd Miss Geddes eisoes wedi cael gwbod am yr offeryn newydd ac yn cyfeirio ati fel banjo bob tro. Yn fwriadol, i gorddi falle? Ac ar ôl yr arholiad daeth diwedd y daith a rhoddwyd y ffidil yn llythrennol yn y to. A phan fydda i'n achlysurol yn teithio heibio Maple Crescent yn Sgeti, alla i ond meddwl am y *tweed* ac ogle lafant.

Un stori arall am Lefel 'O' – llwyddes i ymhob un i ryw radde, ar wahân i un, sef Saesneg (Iaith). Roedd hyn yn ergyd ac yn creu problem gan 'mod i am astudio Saesneg, ynghyd â Hanes a Chymraeg, ar gyfer Lefel 'A'. Mewn cyfnod diweddarach, byddwn i wedi gneud cais am ail-farcio mae'n siwr, ond roedd yr ysgol yn hapus i fi fynd ymlaen gan 'mod i wedi pasio Saesneg (Llenyddiaeth) yn dda, ac mai llenyddiaeth fyddai craidd y cwrs Lefel 'A', dim ond i fi ail-eistedd Iaith yn yr hydref. Heb frolio fy hun yn ormodol, roedd y peth yn syndod, nes i fi gofio 'mod i wedi sgwennu traethawd fel rhan o'r arholiad oedd yn ymosodiad di-flewyn-ar-dafod ar Arwisgo 1969. Na, bydde arholwr byth yn tynnu marcie am gynnwys fel 'na, fydden nhw?

Un o fanteision mawr mynd i Ddinefwr yn hytrach nag ysgol arall oedd y lleoliad – slap bang yng nghanol y dre/ddinas. Mae hi bellach yn rhan o Brifysgol Metropolitan Abertawe. Roedd hyn yn golygu'n bod ni'n gallu mynd mas i gael cinio, yn hytrach na dibynnu ar ogonianne bwyd y cantîn. Ac yn ystod yr awr ginio fe allen ni grwydro'r siope amrywiol i fyseddu a gwrando ar recordie newydd mewn llefydd fel siop fawr Lewis Lewis, oedd â'r bŵths gwrando 'na sy'n cael eu dangos ar raglenni teledu nostalgiaidd am y 'Swinging Sixties'. A'r siop gerdd Duck, Son & Pinker. Dyma gyfnod y 'B's – Beatles, Bob Dylan, Beach Boys, Byrds a llu o artistiaid cynhyrfus canol y 60au. Ro'n i eisoes wedi ennill brwydr fach arall adre, wedi bwlio fy chwaer a 'mrawd i nghefnogi i, wrth lobïo am beiriant chware recordie. Gymrodd hi gryn berswâd ond cafwyd y maen i'r wal erbyn Nadolig 1965. Erbyn hynny ro'n i wedi gweithredu mewn ffydd a phrynu cwpwl o recordie'n barod.

Hefyd, roedd 'na gyfle i barhau gyda 'niddordeb mawr arall i, sef comics. Ers dyddie Llanymddyfri, roedd y clefyd wedi gafel yn dynnach wrth i fi ddarganfod comics Americanaidd, mewn lliw, a storïe cyfan ugain tudalen o hyd, gan amla'n hunangynhaliol yn hytrach na chasgliad o stribedi du-a-gwyn dwy dudalen y rhai Seisnig. A thrwy lwc, wrth i fi ddarganfod y ffynhonnell newydd yma o sbri, dyma gychwyn cwmni newydd Marvel gyda chymeriade fel Spider-man, y Fantastic Four, yr Avengers a'u tebyg dan ddwylo medrus Stan Lee, Jack Kirby a Steve Ditko – arwyr o fath gwahanol. Roedd stondin yng nghanol marchnad dan-do Abertawe oedd yn gwerthu llyfre clawr meddal a chylchgrone ail law. A hefyd y comics o America fydde'n cyrradd bob dydd Llun mewn bwndeli tebyg i rai papur newydd. Dwy wraig oedd yn cynnal y siop, y ddwy'n siarad Cymraeg, ac fe agorodd hynny'r drws i fi. Cyn hir, bydden nhw'n aros nes i fi gyrradd amser cinio ddydd Llun cyn torri'r cortyn rownd y bwndeli. Weithie, fi oedd yn cael neud, ac yn cael y dewis cynta.

Yn ystod yr un cyfnod, datblygodd y diddordeb mewn canu pop yn nes at adre. Roedd Cymru wedi bod ar ei hôl hi, wrth gwrs, ond yng nghanol y 60au, roedd newid ar droed. Dafydd Iwan dynnodd fy sylw i'gynta. Ond daeth toreth o grwpie yn ei sgîl e, ac roedd nifer ohonyn nhw'n mynd i ymddangos mewn sesiwn anarferol yn y Babell Lên yn Eisteddfod y Bala 1967. Ro'n ni fel teulu'n aros mewn carafán am yr wythnos, y tro cynta i ni wneud hynny, dwi'n meddwl. Mae'n siwr taw syniad Nhad oedd i ni'n dau fynd i'r sesiwn pop 'ma, a dyna lle disgynnodd darn arall i'w le. Os cofia i'n iawn, cafwyd caneuon gan Dafydd ac Edward, y Diliau, y Derwyddon, y Pelydrau a'r Cwiltiaid (a falle mwy). Ond dim ond un perfformiad oedd yn bwysig y diwrnod hwnnw, sef un chwedlonol y Blew. Mae'n ystrydeb bellach i ddweud 'os y'ch chi'n cofio'r 60au, do'ch chi ddim yna'. Wel, rwy'n cofio a ro'n i 'na!

Yn yr hydref cyhoeddwyd record 'Maes B' y Blew, gyda llun y grŵp ar y clawr, a chafodd honna'i hychwanegu at y casgliad bach oedd yn tyfu. Ymhen y flwyddyn, roedd enw newydd arall wedi dod i'r amlwg, sef Meic Stevens, dyfodd yn ddylanwad mawr ar gynifer ohonon ni oedd yn dechre gweld posibiliade i ni'n hunen. Roedd olwynion yn troi...

Ond nôl â ni at y gân 'Penlan'. Hyd y gwn i, dyma'r unig gân i grybwyll Bonymaen ac eithrio cân foliant Neil Rosser i 'Ochor Treforys o'r Dre'. Petawn ni ishe bod yn fawreddog, fe allen i ddweud taw gwaith comisiwn oedd hwn. Yn 2010, ces i alwad ffôn gan y cynhyrchydd radio Trystan Iorwerth oedd wrthi'n paratoi cyfres o'r enw *Yma 'dw Innau i Fod* ar gyfer Radio Cymru. Y syniad oedd edrych ar ardal benodol yng Nghymru, sgwrsio gyda nifer o unigolion ond hefyd creu cân newydd am yr ardal honno, a hynny trwy briodi geirie bardd lleol ac alaw cyfansoddwr lleol. Abertawe oedd dan sylw y tro 'ma, a'r bardd ga'dd alwad ffôn debyg i'n un i oedd y Prifardd Robat Powel. Ac am ryw reswm, dewisodd Trystan alw arna i i lunio'r alaw. Dyma'r unig dro i fi weithio fel hyn. Fel rheol, fi sy'n sgwennu'r alaw a'r geirie, gyda'r alaw'n dod gynta, gydag efalle rhyw syniad am eirie. Ond ddôn nhw ddim yn gyfan nes bo'r alaw'n bendant; pan dwi wedi cyd-gyfansoddi, fi sy wedi sgwennu'r geirie i alaw rhywun arall. Roedd 'Penlan' yn gweithio o chwith, a ro'n i'n teimlo mwy o gyfrifoldeb i wneud cyfiawnder â geirie Robat na wnes i erioed pan o'n i'n sgwennu geirie i alaw rhywun arall. Ta beth, rwy'n credu'i bod hi wedi gweithio, a bod Robat yn hapus.

Sŵn y Trên

Sŵn y trên yn dod yn nes
Mae'r amser wedi dod i ddweud ffarwél, o ffarwél
Gwawr yn torri dros y cwm
A minnau ar fy ffordd i fywyd gwell, bywyd gwell

Cytgan:
Rwy'n gadael popeth ac yn mynd i ffwrdd
Fy nghariad, mae 'na nodyn i esbonio ar y bwrdd
Sŵn atgofion aeth yn fud
Does yma ddim ond rhuo sŵn y trên, sŵn y trên

Unwaith roedd ein cariad ni yn fyw
Ond nawr does dim ond llwch ar ôl, llwch ar ôl
Cusan a oedd unwaith fel y mêl
A drodd yn sydyn iawn yn sur, ie'n sur

Cytgan

Hapus oedd yr amser fu
Yr amser llon pan oeddwn gyda thi, gyda thi
Ond ni allaf aros nawr
Mae cri y gwynt yn galw arna' i, arna' i

Cytgan

Ac mae'r trên yn symud lawr y lein

Clawr record gynta Gwenwyn 1971

Nid dyma'r gân gynta i fi'i chyfansoddi, ond y drydedd. Ac odi, mae'n amrwd a dweud y lleia. (Ma'r ddwy o'i blaen hi'n waeth.) Geirie ystrydebol ac alaw yn deyrnged/ pastiche (o.k. lladrad) o fwy nag un o recordie'r Byrds (a'r 'tag' ar y diwedd a syniad y gân wedi'i 'benthyg' oddi wrth y Flying Burrito Brothers). Ond mae'n rhaid dechre yn rhywle. Wrth efelychu'r goreuon, mae siawns y gallwch chi ddatblygu'ch arddull eich hunan sy'n eitha safonol yn y pen draw. Wel, dyna'r gobaith ta beth. Sylwer hefyd ar absenoldeb unrhyw odl yn y penillion cynnar. Ond mae hon ar gof a chadw ar record, felly does dim modd i fi wadu'i bodolaeth.

Y dechre'n deg i fi oedd cyfieithu neu addasu geiriau caneuon pop Eingl-Americanaidd diwedd y 60au/dechre'r 70au ar gyfer nosweithiau llawen Aelwyd yr Urdd yn Nhreforys. Yna geiriau dwy gân ar record grŵp yr Awr ar Recordiau'r Dryw, un yn gyfieithiad o un o ganeuon cynnar Paul Simon, a'r *credit* ar y clawr yn darllen 'Simon/Davies'. Eitha da am grwtyn un ar bymtheg, er 'dyw Paul ddim erioed wedi cysylltu i ddweud diolch. Ac ma' Delwyn Siôn, un o ffans mwya Mr Simon, yn dal yn eiddigeddus. (Wyt, mi wyt ti!)

Ro'n i wedi dechre potsian gyda gitâr, ond ddaeth y syniad o roi cerddoriaeth a geiriau gwreiddiol at ei gilydd ddim at ei gilydd nes i fi a nghyfaill Wyn Thomas fynychu cwrs preswyl i ddisgyblion dosbarth chwech yn Aberystwyth adeg y Pasg 1970. Yno y gwnes i gyfarfod am yr ail dro â Phil, neu â rhoi ei enw llawn, Elgan Philip Davies. Roedd e hefyd wedi treulio cyfnod (byr) yn Llanymddyfri, yn fab i blismon, a ro'n ni wedi dod ar draws ein gilydd unwaith ar un o f'ymweliadau nôl yno.

Fel ni, ddaeth e â'i gitâr gydag e. Ond yn fwy na hynny, roedd e wedi cyfansoddi cân! A falle mwy nag un. Roedd 'Bues i' ar ffurf tri chord y blŵs. Ac er na ddilynodd yr un ohonon ni'r trywydd yma, fe agorodd e ddrws. Yn syth ar ôl dychwelyd o'r cwrs, fe ffurfiodd Wyn a fi grŵp (o ddau) dan yr enw chwerthinllyd 'Gwenwyn'. Roedd hyn, ar wahân i unrhyw beth arall, yn esgus da i osgoi ymarferion Côr yr Aelwyd: prif weithgareddau Aelwyd Treforys oedd y côr, y parti dawnsio gwerin a'r parti noson lawen, y cyfan wedi'u hanelu at gystadlu yn Eisteddfod yr Urdd.

Ychwanegon ni drydydd aelod, sef Dafydd Densil Morgan o Ynysforgan ar y bongos, ac rwy'n atgoffa'r diwinydd a'r ysgolhaig hwnnw mai dyma oedd uchafbwynt ei fywyd e ac mai ar i lawr fu pethe iddo fe wedyn. Y darn ola yn y jig-so amrwd yma oedd Beth Richards, oedd eisoes yn perfformio gyda'i chwaer Siân fel rhan o nosweithiau'r Aelwyd. Hi ddaeth â disgyblaeth gerddorol i'r criw.

Rywsut neu'i gilydd ddechreuon ni gael gwahoddiadau i ganu yma ac acw'n lleol. Un lle sy'n aros yn y cof yw ysgol yn Abertawe, ninnau'n cerdded ar hyd y coridor gyda'n gitarau acwstig tsiêp, mandolin ac wrth gwrs y bongos, a chrwt, wedi sylweddoli bod 'y band' wedi cyrraedd yn holi, 'Do you do any reggae, or is it all heavy stuff?'

Ar yr un adeg, fe ges i wahoddiad i ymuno â grŵp arall digon tebyg ond mwy niferus, sef Sŵn y Gwynt, criw o fechgyn ysgol, rhyw hanner dwsin yn canu, fy ffrind Wyn yn eu plith, ond dim ond tri offerynnwr ar y gitâr. Roedd un ohonyn nhw wedi mynd i'r coleg ac roedd angen llenwi'r bwlch, felly dyma'r alwad yn dod. Repertoire dwyieithog oedd gan SyG, caneuon Leonard Cohen, Simon a Garfunkel a chaneuon gwerin traddodiadol Cymraeg. Wnes i fwynhau'r profiad o allu sefyll nôl rhyw ychydig, gweithio o'r rheng ôl a llenwi bylche'n ôl yr angen: nid yn annhebyg i'n rôl i gyda Mynediad am Ddim yn ddiweddarach. Yr uchafbwynt i fi oedd noson yn *Lodge* y Seiri Rhyddion yn Abertawe, 'Ladies Night', lle na fydden i o ddewis wedi'i fynychu ddoe na heddi. Un o ganeuon y grŵp, un i dynnu'r gynulleidfa'n nes aton ni, oedd 'Cân y Gwcw'. Dych chi ddim wedi byw os nad y'ch chi wedi gweld llond neuadd o Fesyns a'u gwragedd yn canu 'holiaci-ci a holiacw-cw' gyda'r symudiade angenrheidiol.

Ro'n i wrth 'y modd gweld bod Doreen Lewis wedi adrodd yr union un profiad yn ei chyfrol hi, ond mewn lle llawer mwy egsotig (Kuwait) na Masons' Lodge Abertawe.

Arwain o'r cefn o'n i gyda Gwenwyn. Er taw fi oedd yn sgwennu'r caneuon, Wyn oedd y prif lais, gyda Beth a finne'n canu harmoni, arwydd pellach o ddiffyg hyder o bosib. Ac roedd y cyfleon yn cynyddu. Daeth Eisteddfod yr Urdd i Abertawe ym 1971 a dyma roi cynnig ar gystadleuaeth y grŵp pop. Y beirniad oedd Huw Jones ac mae'n siwr nad oedd e'n teimlo'n dda y diwrnod hwnnw achos chawson ni ddim llwyfan! Un gafodd lwyfan ar y gân bop unigol oedd rhyw grwt o Aberdâr o'r enw Delwyn Davies. Ie, fe eto, nid am y tro ola' yn y stori 'ma.

Er gwaetha siom y steddfod, daeth cynnig i wneud record ... ddweda i hwnna eto.....CYNNIG I WNEUD RECORD!!! Cyfle prin yn y cyfnod. Roedd Recordiau'r Dryw yn atodiad cymharol newydd i gwmni cyhoeddi Llyfrau'r Dryw o Landybïe. Dan arweinyddiaeth y pennaeth, Dennis Rees, ro'n nhw wedi symud i mewn i hen stiwdio radio'r BBC yn Abertawe wedi i'r Gorfforaeth ganoli yng Nghaerdydd. Roedd enwau mawr y cyfnod yn recordio i'r Dryw, gan gynnwys Hogia'r Wyddfa a Ryan a Ronnie; ac wrth gwrs roedd merched Yr Awr hefyd wedi recordio yno. Ac i fi, roedd cael cyfle i rannu label gyda Meic Stevens y tu hwnt i eirie. Felly wnaethon ni ystyried y cynnig yn bwyllog am ryw hanner munud cyn glafoerio a dweud diolch yn fawr iawn iawn.

Meic Stevens! Gwmpes i mewn cariad â cherddoriaeth y boi yma o'r cychwyn cynta, gyda'r 'Eryr a'r Golomen'. Wedi i Dennis Rees ei 'ddarganfod' e (roedd e wedi recordio cyn hynny yn Llundain gyda chwmni Decca wrth gwrs), daeth Abertawe'n llwyfan cyson iddo fe a'i grŵp y Bara Menyn (gyda Heather Jones a Geraint Jarman, eto'n recordio i'r Dryw). Bydde fe a/neu nhw'n perfformio yn yr ardal yn amal a bydden i yno'n amlach na pheidio, yn astudio dull Meic o drin y gitâr yn fanwl. Oddi wrtho fe y dysges i'r rhan fwya o beth alla i wneud ar y gitâr. Un noson arbennig oedd honna ym Mhrifysgol Abertawe gyda'r grŵp Indo-Jazz Fusion – pump offerynnwr o India, pump o fyd jazz a Stevens yn y canol. Mae adlais o'r noson honno ar ei LP e *Outlander*, a do, brynes i honna hefyd, ym 1970.

Ddaeth hi'n amser recordio yn hen adeilad y BBC: Dennis yn cynhyrchu, Dafydd Ifans wrthi'n gweithio'r peirianne. Un meicroffon oedd 'na, yn hongian o'r nenfwd, a'r ffordd o reoli'r balans rhwng offerynnau oedd gofyn i unigolion symud yn nes at y meic (neu'n bellach oddi wrtho). Doedd hi ddim yn Abbey Road, ond mewn bore lwyddon ni i recordio pedair cân a darn offerynnol gan Beth a'i ffrind Pauline. Heb i ni wybod, recordiwyd drymie a gitâr fas dros y recordiad yn ddiweddarach, wnaeth ddim plesio rhyw lawer. Wrth lwc, oherwydd ein bod ni mor anwadal ein tempo ar y brif gân, sef 'Sŵn y Trên', fethon nhw ychwanegu dim at honna ac mae hi, er ei gwendide naïf, yn adlewyrchiad teg o'r hyn oedd Gwenwyn. Mae ar gael ar ebay, siope elusen ac arwerthiannau bŵt ceir.

Er mwyn hybu cynnyrch Recordiau'r Dryw, roedd Dennis Rees yn trefnu nosweithie mawreddog yn Neuadd y Brangwyn, Abertawe, neuadd gyngerdd hynod. A dyma ni, cywion y label ar yr un llwyfan a'r Hogs a Ry a Ron, gydag Alun Williams, un o ddarlledwyr amlyca'r BBC, yn cyflwyno. Yn un o'r nosweithie hyn y profes i'r 'put-down' personol mwya erioed. Dyna lle o'n i'n cymysgu gyda'r sêr, pawb yn gyfeillgar whare teg, a dyma fi'n sylweddoli bod Ryan yn amlwg yn nerfus cyn mynd i'r llwyfan. Medde'r crwt dibrofiad: 'Hei Ry – tyff ar y top, on'd yw e?' Ymateb Ryan Davies, heb falais ond heb falu chwaith oedd, 'Grinda gwd boi, ma e'n tyff ar y blydi gwaelod!' Cryno, doeth ac enghraifft berffaith o sut i roi rhywun yn ei le.

Mewn noson arall debyg y gwyllties i Dennis. Wedi f'ysbrydoli'n rhannol gan gân Huw Jones, 'Paid Digalonni', a recordiwyd wedi i Dafydd Iwan gael ei garcharu am ei ymgyrchu yn enw Cymdeithas yr Iaith, fe sgwennes i 'Dewch i'r Llysoedd'. Perfformiodd Gwenwyn y gân yn y Brangwyn ar ôl i fi wneud araith (neu rant blêr yn hytrach) a doedd Dennis ddim yn bles â dweud y lleia. Ond fe ddaethon drwyddi – er i fi fod yn ddraenen yn ei ystlys ar adege (wel, niwsans bach mewn gwirionedd), wnaethon ni fyth gwmpo mas go iawn. Roedd e'n ddyn bonheddig a bu e'n dda iawn i ni fel grŵp ac i fi'n bersonol.

Dewch i'r Llysoedd

Fe glywais ddrysau'r celloedd
Yn atsain drwy y tir
A chofiaf am rai eraill
Na phrofant eu rhyddid am hir

Cytgan:
Dewch i'r llysoedd – dewch yma'n llu
Dewch i'r llysoedd – mae eich angen chi
Os am weld beth yw cyflwr iaith eich gwlad
Dewch i'r llysoedd – cewch weld y sarhad

Mae'r rhai a saif dros gyfiawnder
[*yn wreiddiol – Mae'r rhai a fu yn yr Wyddgrug*]
Mewn carchar a ninnau'n rhydd
Aberthodd nifer eu rhyddid
[*Aberthodd pedwar eu rhyddid*]
Wnewch chwithau ddod yma am ddydd?

Cytgan

Rhain yw cydwybod ein pobol
Rhain yw gwarchodwyr yr iaith
A allwn adael i'nt hwythau
Gael carchar am gyfnod mor faith?

Cytgan

Criw Adran Gymraeg Aberystwyth 1974

Hergest –
y llun cynta' –
Hwlffordd 1973

Dwi ddim yn gwbod beth ddaeth gynta, fy ymrwymiad i genedlaetholdeb a brwydr yr iaith neu'r apêl o du canu pop newydd y cyfnod; achos mewn gwirionedd doedd dim modd gwahanu'r ddau beth. Roedd canu yn y Gymraeg ei hun yn weithred wleidyddol, gyda rhai o ganeuon gorau'r cyfnod, gan bobol fel Dafydd Iwan a Huw Jones, yn anthemau i'r Gymru newydd. Chwyldro? Deffroad cenedlaethol? Yn sicr, roedd hi'n gyfnod o newid wrth i'r 60au symud tua'r 70au, yng Nghymru fel ym mhobman arall, a ro'n i'n hollol barod. Ffarwel Cymru'r Plant; helo Lol. Ac yn lle Richie Tomos a Bois y Blacbord daeth Meic Stevens a'r Tebot Piws.

Ym 1969, blwyddyn Armstrong yn cerdded ar y lleuad, Woodstock, yr Arwisgo ac achos llys yr FWA, ro'n i'n un ar bymtheg oed. Ro'n i'n cael mwy o ryddid i fynychu digwyddiade, boed nhw'n gyfarfodydd, cyngherdde neu ambell i rali heb oruchwyliaeth oedolion, ac yn cwrdd â phobol a syniade newydd, hynny yn ardal Abertawe a'r tu hwnt. Treuliodd nifer ohonon ni'r cyfnod ar ôl Lefel 'O' yn dilyn achos yr FWA yn Llys y Goron Abertawe a dysgu llawer am y cyhuddedig a sustemau'r llysoedd barn. Yno ro'n i ddiwrnod yr Arwisgo – wrth i Carlo gael ei goroni, roedd Cayo a Coslett yn cael eu dedfrydu.

Yn groes i'w bolisi gwantan, os nad gelyniaethus, tuag at yr iaith Gymraeg, roedd Cyngor Abertawe, fel pob cyngor yng Nghymru, yn noddi dau ddisgybl, bachgen a merch, i fynychu'r Eisteddfod Genedlaethol yn flynyddol. Ces i 'newis i fynd i'r Fflint ym 1969, a chwrdd â Chymry cenedlaetholgar ifanc o bob cwr, pobol fel Terwyn Tomos a John Owen Hughes. Bu honna'n wythnos allweddol i fi ar sawl lefel. Treulies i ran helaetha'r wythnos ar y Maes ym mhabell Cymdeithas yr Iaith, yn trafod syniade a dysgu mwy am yr ymgyrchoedd oedd ar droed. Ar ben hynny, roedd yna beiriant recordie'n whare rhai o ganeuon y dydd, gan gynnwys disg brawf label gwyn o gân ddiweddara Huw Jones, 'Dŵr'. Ro'n i eisoes yn gyfarwydd â hi wedi gweld Huw'n ei pherfformio sawl gwaith. Ond roedd y record wedi'i chynhyrchu â mwy o sglein na'r arfer ac yn swnio'n grêt. Wyddwn i ddim ar y pryd mai hon fydde record gynta label newydd Huw a Dafydd Iwan, sef Sain, ond ro'n i'n ysu am gopi. Ces i 'nhemtio i fachu'r copi prawf ond wrth gwrs wnes i ddim. Beth fydde'i gwerth hi heddi tybed, hyd yn oed wedi inni'i threulio hi'n dwll?

Yn Abertawe, roedd 'na frwydre bach cyson i'w hymladd o blaid yr iaith. Un fuddugoliaeth fach yn Ninefwr oedd llwyddo i fod yn un o olygyddion cylchgrawn yr ysgol. Roedd fy nghyd-olygydd, Sais fel mae'n digwydd, a finne'n awyddus i foderneiddio'r diwyg gan hepgor y clawr unffurf gydag arwyddbais a'r flwyddyn. Cawson ni ganiatâd i wneud hynny ac agorodd hynny'r drws i gyflwyniad golygyddol dwyieithog a newidiade tebyg.

Yna, daeth grŵp ohonon ni ddisgyblion chweched dosbarth ar draws Abertawe at ein gilydd i lunio deiseb yn galw am arwyddion dwyieithog y tu fas i'r ysgolion. Ymatebodd ein cyd-ddisgyblion yn hynod o gadarnhaol a llwyddodd yr ymgyrch. Mae 'na lun o bump ohonon ni ar flaen yr *Evening Post* o'r cyfnod; doedd y chweched ddim yn gallu bod yno'n anffodus oherwydd ei gaethiwed yng ngharchar ei mawrhydi yn Abertawe. Ro'n i a Wayne Williams wedi dod yn ffrindie ac roedd ynte, yn fwy tanbaid na fi (na phawb arall mewn gwirionedd) ymhlith y rhai oedd wedi'u carcharu am ddirmyg llys adeg Achos yr Wyth (cyfnod yr ymgyrch arwyddion ffyrdd). Es i lawr i'w weld e gwpwl o weithie yn ystod fy awr ginio, gan unwaith gael fy holi wrth gyrraedd nôl i'r ysgol yn hwyr lle'r o'n i wedi bod. 'Ymweld â rhywun yn y carchar, syr' oedd yr ateb, a symudon ni mla'n yn gyflym ...

Wrth sgwennu'r caneuon cynnar, fe fydden i'n eu cofnodi gyda rhywfaint o gefndir, a dyma sydd wrth gwt darn papur â geirie 'Dewch i'r Llysoedd': 'Sgwennwyd 2 ddiwrnod cyn gig y Brangwyn, Tachwedd 1971', wedi carcharu Ffred, Myrddin, Goronwy a Gronw, a'r wythnos cyn dechrau achos Terwyn, Eurig ac Alwyn. (Ar ddiwrnod cyntaf yr achos hwnnw arestiwyd Densil a fi am rwystro'r ffordd.) Dysgwyd hi ar y bore Sadwrn a chanwyd hi yn y nos, a chael Dennis Rees yn ein galw ni'n bopeth am ei chanu a gwneud 'datganiad gwleidyddol'. Mae'n bosib hefyd bod Dennis yn grac am safon y perfformiad – go brin y bydden ni wedi'i meistroli hi o fewn ychydig orie!

Erbyn Tachwedd 1971, ro'n i wedi dechre cyfnod newydd yn y Coleg ger y Lli yn Aberystwyth. Ond cyn hynny ar ddiwedd mis Awst mi fu 'na ddigwyddiad arall fydde'n newid 'y mywyd i – a dwi ddim yn gor-ddweud. Ro'n i wedi cadw cysylltiad â Phil, neu Elgan, wedi'n profiad ni ar gwrs Aberystwyth ac eisoes wedi trefnu i gwrdd ag e' yng Nglan-llyn. Beth o'n i ddim yn ei ddisgwyl oedd cwrdd â dau arall oedd â'r un diddordeb mewn canu, a'r un dylanwade cerddorol yn union, sef Delwyn (Siôn) Davies o Aberdâr (hwnnw oedd wedi gneud argraff yn Steddfod yr Urdd) a Derec Brown o Gaerfyrddin. O fewn dyddie roedd y pedwar ohonon ni wedi creu uned glòs ac yn syrffedu'n cyd-wersyllwyr gyda'n canu harmoni parhaus. Ar ddiwedd yr wythnos a phawb yn dychwelyd adre, roedd 'na adduned i gadw cysylltiad. Ond yn y dyddie cyn e-bost, ffonau symudol, facebook, instagram a whatsapp, doedd yr amode ddim yn ffafriol i ni allu cynnal grŵp go iawn. Ond roedd rhywbeth arbennig wedi'i eni yn ystod yr wythnos honno, rhywbeth fydde'n goresgyn probleme daearyddol.

Ro'n i, mae'n amlwg, rywsut wedi pasio'r arholiade Lefel 'A' angenrheidiol. Ac fe wnes i fwynhau canolbwyntio ar y cyrsie hynny yn hytrach na gorfod dilyn pyncie oedd o ddim diddordeb i fi. Fe wnes i ddewis yn Aberystwyth i astudio ar gyfer gradd gyfun Cymraeg a Hanes Cymru (er i'r ail elfen gael ei gollwng ar ddiwedd y flwyddyn gynta). Rwy'n gwbod i fi bechu ambell berson wrth i fi ddewis Neuadd Pantycelyn fel cartre, wedi i fi aros yno adeg ymgais (aflwyddiannus) am Ysgoloriaeth Evan Morgan rai misoedd ynghynt. Roedd hyn cyn iddi droi'n neuadd Gymraeg. Ceredigion ar y prom oedd y Neuadd Gymraeg i ddynion bryd hynny, felly roedd rhai'n fy ystyried i'n 'fradwr'. Cyfnod fel'na oedd hi, byd o ddu a gwyn, gyda'r mudiad cenedlaethol yn rhannu'n garfannau – gyda'r rhwyg rhwng mudiad newydd Adfer a Chymdeithas yr Iaith yn enghraifft amlwg. Yn sicr, fe golles i mas ar gymuned glòs Ceredigion. Ond ges i brofiade'r un mor werthfawr trwy gyd-fyw â phobl o gylch ehangach. Roedd 'na grŵp ohonon ni Gymry Cymraeg ym Mhantycelyn. Ond dau arall fu'n driw iawn oedd Eddie (nid ei enw bedydd, mae'n siwr) Kwouk a'i gyfaill Terry Thompson o Loegr. Mab un o uwch-swyddogion Llysgenhadaeth Malaysia yn Llundain oedd Eddie, gyda phocedi dwfn a natur hael. Tra'r oedd y gweddill ohonon ni'n dal â'n transistors bach, roedd gan Eddie ei sustem stereo'i hun yn ei stafell. A chyn pen dim roedd e wedi prynu *beach buggy*, a bydde criw ohonon ni'n teithio'n amal yn y bygi ganol nos o Bantycelyn i Glarach a'r Borth.

Peth arall oedd yn 'y ngwneud i'n wahanol ymhlith fy nghyd-fyfyrwyr oedd nad o'n i'n yfed. Roedd alcohol yn un o dabŵs mawr ein tŷ ni; Dad oherwydd ei grefydd a Mam am fod ei thad, Rhys Richards, wedi gorfod cynnal ei fam yntau a'i frodyr a'i chwiorydd gan fod ei dad yn feddwyn os nad yn alcoholig. Felly, doedd dim hyd yn oed sheri adeg Dolig (odi gwin cymun yn cyfri?), er bod fy nghefnder David o Gorris, ddeuddeg mlynedd yn hŷn na fi, yn ymweld yn eitha amal ac yn cael diflannu'n hwyr y nos 'am dro': hynny yw, i'r dafarn agosa ac yn dychwelyd wedi i bawb fynd i'w gwelyau. A dim sôn am y peth y bore wedyn, wrth gwrs. Yn naturiol, ro'n i wedi trio cwrw ond ddim wedi mwynhau'r blas chwerw a chynnes o ganie tsiep, felly gadwes i at y Coca-Cola, am y tro ta beth. Fe alle fod wedi bod yn waeth – dwi ddim yn credu bod neb yn gwbod am bregeth roddodd Nhad rai misoedd cyn i fi fynd i'r coleg am fywyd afrad myfyrwyr! Greodd e dipyn o sylw'n lleol ac embaras mawr i fi. Ond wrth lwc wnaeth y newyddion ddim cyrraedd mor bell ag Aber.

Roedd criw'r cwrs Cymraeg yn wych, y mwyafrif yn ddeunaw oed, yn cyd-dynnu'n dda ac yn gefn i'w gilydd. Doedd darlithoedd naw ddim at ddant pawb (pesychiad bach yma) a bydde rhywun bob amser yn barod i rannu'u nodiade gyda'r rheini oedd wedi codi'n rhy hwyr. Sylweddoles i'n gynnar iawn 'mod i ar ei hôl hi'n ddifrifol o'i gymharu â'r lleill; roedd llwyddiant arholiadol wedi cuddio'r ffaith bod gwersi Cymraeg Ysgol Dinefwr yn annigonol fel paratoad ar gyfer gradd yn y pwnc. Bu fy nghyd-fyfyrwyr yn gefn eithriadol – diolch enfawr hwyr i Siân Parry Jones, Beti Wyn Williams, Menna Richards ac eraill – ac es ati i ddarllen, darllen a darllen, yn enwedig straeon byrion casgliadau Gwasg Gomer: Straeon '69 a'u tebyg, gan gyfoethogi geirfa, cystrawen ac ymadrodd.

Ond roedd rhywbeth arall yn llenwi'r orie, sef y freuddwyd o gadw'r grŵp o Lan-llyn yn fyw. Roedd Gwenwyn yn dal i fod, a record yn barod i'w chyhoeddi yn y gwanwyn, ond roedd gen i gariad newydd. Gyda Derec yng Nghaerfyrddin a Delwyn yn Aberdâr, roedd Elgan (yn ei swydd newydd yn llyfrgell yr Hen Goleg Aberystwyth) a fi o leia yn yr un dre. A'r naill a'r llall ohonon ni'n ymgolli yn hanes a llenyddiaeth Cymru, ochr yn ochr â'n posibiliade cerddorol newydd ni. Ac Elgan (wedi treulio gormod o amser yn y llyfrgell, mae'n siwr) fathodd yr enw 'Hergest' ar gyfer y freuddwyd.

Aethon ni ati i hybu'r grŵp newydd, oedd prin yn bodoli eto. Bu Jac (John Gwyn Jones), Trefnydd Sir yr Urdd yng Ngheredigion, yn un da iawn am ein gyrru ni o gwmpas yr ardal. A bydde Derec yn dod o Gaerfyrddin yn achlysurol i greu triawd (neu bedwarawd gyda ffrind Elgan, Russ Morris, pan gawson ni sylw ar raglen radio'r BBC, *Dewch i'r Llwyfan*). Y nod o'r cychwyn oedd recordio gyda Sain, y cwmni mwya arloesol ar y pryd, a'r cam nesa oedd recordio tâp i'w anfon atyn nhw.

Mae dyddiad Chwefror y pedwerydd ar bymtheg 1972 wedi'i serio ar y cof. Roedd hi'n rhy bell i Delwyn, ond aeth Derec a fi i dŷ rhieni Elgan yn Llanfarian i greu'r recordiad i'w anfon at Sain. Roedd hi'n gyfnod streic y glowyr, gyda thoriade yn y cyflenwad trydan, felly aeth y tri ohonon ni i mewn i Aber a phrynu copi yr un o record wych Endaf Emlyn, 'Madryn' (wedi'i chynhyrchu gan Tony Hatch ar label y Beatles, Parlophone), oedd wedi cyrraedd Siop y Pethe. Nôl i Lanfarian i weithio ar y tâp, ond o fewn orie daeth ergyd aruthrol i siglo 'myd i. Bu'n rhaid i f'ewyrth Bob, oedd yn byw yn Aberystwyth, ddod draw gyda'r newyddion bod fy nhad wedi marw'n sydyn y prynhawn hwnnw yn 49 oed.

Newidiodd hyn bopeth. Roedd Mam, fy mrawd a'm chwaer yn Abertawe, fel finne, mewn sioc. Daeth y byd i stop am gyfnod. Ar wahân i effaith emosiynol y teimlad enfawr o golled, roedd yna oblygiade ymarferol. Er bod Mam wedi dychwelyd i ddysgu, doedd dim yswiriant bywyd ar ôl Nhad a ro'n ni'n byw mewn tŷ oedd yn eiddo i'r capel, nid i'r teulu. Aeth Mam at y blaenoriaid i holi a fydden nhw'n fodlon gwerthu'r tŷ iddi hi am bris y farchnad (a chofiwch, tŷ semi cyffredin oedd e, ddim yn agos i'r capel nac yn Fans yn yr ystyr traddodiadol). Gwrthodwyd. Yn y pen draw, symudodd gweddill y teulu (ro'n i, i bob pwrpas, nawr wedi gadel cartre) ar draws yr afon i Dreforys, Mam yn ei phedwardege, fy chwaer Menna'n bymtheg a 'mrawd Emyr yn dair ar ddeg. Sut lwyddodd Mam, yn ariannol ac yn emosiynol, yn y cyfnod hwnnw, pwy a ŵyr? Ond fe ddangosodd hi gryfder aruthrol. Er dadle chwyrn, fe fynnodd 'mod i i fynd nôl i'r coleg ac adeiladodd hi fywyd newydd iddi hi a'i phlant. Wnes i byth fadde i flaenoriaid Capel y Cwm, a dyna ddechre'r diwedd i fi fel capelwr. Ro'n i wedi fy nerbyn yn aelod yn un ar bymtheg yn ôl yr arfer. Roedd e'n ddisgwyliedig ac i bob pwrpas yn orfodol. Ond yn ddiweddarach ro'n i'n flin na wnes i wrthod, neu o leia oedi; ro'n i'n rhy ifanc ac anaeddfed i wneud penderfyniad o'r fath.

Rhag i fi baentio darlun rhy ddu, doedd y berthynas rhyngddo i a Nhad ddim yn un gwael. Oedd, roedd 'na dyndra achlysurol, fel rhwng unrhyw dad a mab, ac mae'n siwr bod hynny'n fwy gwir rhwng gweinidog a'i fab yng nghanol newidiade tymhestlog y 60au, lle'r oedd yr hen werthoedd yn cael eu herio a'u disodli. Does gen i ddim amheuaeth bod pwyse meddyliol ei alwedigaeth, yn ogystal â'i smocio diddiwedd, wedi cyfrannu at ei farwolaeth gynnar. Fe weles i newid ynddo fe yn ystod ei flynyddoedd ola', ychydig yn fwy parod i dderbyn bod y byd yn newid. Ond roedd hi'n broses ara'. Rwy'n flin na chawson ni'r cyfle i ddod i nabod a deall ein gilydd yn well fel oedolion.

Stori atodol – rai blynyddoedd yn ddiweddarach, a finne'n byw yn Aberystwyth, ond yn dal yn dechnegol yn aelod yng nghapel Mam yn Nhreforys ac yn talu nhâl aelodaeth bob blwyddyn, penderfynes i sgwennu at y swyddogion yn gofyn iddyn nhw dynnu fy enw o'u rhestr gan nad o'n i bellach yn mynychu unrhyw gapel. Yn hytrach na thrafod y mater â fi, aeth y gweinidog yn syth at Mam i ddwyn pwyse arni hi. Ond wrth lwc, ro'n i eisoes wedi trafod y mater gyda hi, ac er nad oedd hi'n arbennig o hapus roedd hi'n derbyn y penderfyniad. Felly roedd gweithred dan-din y gweinidog yn ofer, ond fe roddodd ddiwedd terfynol ar unrhyw obaith i fi ddychwelyd at gorlan unrhyw gapel. Bellach, rwy ar y gore yn agnostig, ac yn sicir yn ddrwgdybus o unrhyw grefydd gyfundrefnol neu uniongred.

Yn ara deg, aeth bywyd yn ei flaen. Es i nôl i Aber i

ganolbwyntio ar fy mywyd cymdeithasol newydd, ar Hergest ac ar ambell i ddarlith. O ganlyniad i golli Nhad, fi oedd â pherchnogaeth car y teulu. Doedd Mam ddim yn gyrru, ac er iddi ddechre cymryd gwersi, methiant fu pob ymgais, ac aeth hi fyth am ei phrawf. Roedd hyn yn ei gwneud hi'n haws i deithio nôl a blaen i Abertawe, ond hefyd yn haws i fynd i nosweithie'r grŵp ac ambell weithred arall. Er na ofynnodd hi i fi, benderfynes i beidio ag ymgymryd ag unrhyw weithred protest lle bydden i'n debygol o gael f'arestio rhag ychwanegu at y pwyse ar Mam. Ond roedd gen i gar, felly fues i'n *chauffeur* i eraill oedd angen lifft i leoliad mast neu stiwdio deledu. Ar un o'r teithie hynny, achubodd Ffred Ffrancis 'y mywyd i. Wedi pererindod i stiwdios teledu yn ochre Manceinion (os cofia i'n iawn) a gollwng yr ymwelwyr, dyma Ffred a fi'n troi nôl am Aber yn orie mân y bore. Tua'r Brithdir oedd hi pan es i i gysgu wrth yr olwyn. A lwcus bod Ffred yn hollol effro neu fydden i ddim yma heddi. Diolch Ffred.

Yn Eisteddfod Hwlffordd daeth pedwar aelod Hergest at ei gilydd a mynnu pob cyfle i berfformio, o ambell noson lawen i sesiynau amser cinio cylchgrawn *Sŵn*. Os o'n ni'n apelio ai peidio, doedd dim modd ein hosgoi ni. Ac yn sgîl tâp Chwefror a phwyso'n gyson wedyn ar Sain, fe gytunodd Huw a Dafydd inni gael gneud record. Ro'n nhw eisoes wedi dangos diddordeb mewn recordio Delwyn ar ei ben ei hun, a bu sôn am gael E.P. pedair cân gydag un ochor i Delwyn a'r llall i'r grŵp. Ond wedi trafod bu Delwyn yn ddigon caredig i roi'i yrfa bersonol yn y drâr am y tro fel y gallen ni'n pedwar gael cân yr un ar y record, gan ein bod ni i gyd yn cyfansoddi.

Ym mis Ionawr 1973, felly, aeth y pedwar ohonon ni i

stiwdio Rockfield ger Trefynwy, stiwdio fyddai'n dod yn fyd-enwog yn nes ymlaen, ond nid o'n hachos ni. Roedd Sain wedi arfer defnyddio cerddorion sesiwn i gryfhau'r sŵn, ond fe lwyddon ni i'w perswadio nhw bod gyda ni ffrindie alle wneud y gwaith cystal, os nad yn well (o'n, ro'n ni'n ewn ar y diawl!), sef John Griffiths ar y bas a Charli Britton ar y drymie. Heb i ni wbod, roedd y ddau ar fin ymuno â grŵp roc newydd Hefin Elis a Dewi Pws, sef Edward H Dafis. Ond gyda ni y recordion nhw gyda'i gilydd am y tro cynta. A hefyd ar y record, roedd cyfraniad gitâr gan Beth Richards gan taw'r gân gynta ar record gynta Hergest oedd un o ganeuon ola Gwenwyn, sef 'Dewch i'r Llysoedd'.

Merched Mynyddbach

Pontydd wedi'u llosgi, drysau wedi'u cau
Llwybrau 'di gwahanu ar eu hynt
Clymau cyfeillgarwch, cariad bore oes
Ar wasgar fel petalau ar y gwynt

Tic toc – oriau'n troi'n ddydd
Dyddie'n troi'n flynydde yn eu tro
Tic toc – lleisiau'n pellhau
A'r llunie'n dechre pylu yn y co'

Ond heddi ar ddiwrnod Medi braf
Pump o wragedd canol oed yn dathlu gwres eu haf
Wrth gofio nôl i ddyddie'r llwybr cul
Merched Mynyddbach ar bnawn dydd Sul

Pontio deugain mlynedd, hawlio ddoe yn ôl
Yfed gwin a chwerthin yn yr haul
Rhannu a chyfannu'r gadwyn aeth ar chwâl
A diolch bod y cyfle'n dal ar gael

Tic toc – heddi'n troi'n ddoe
Bellach mae'r blynydde'n mynd yn brin
Tic toc – fory mae'n glir
Cydia yn y foment, dal hi'n dynn

A heddi ar ddiwrnod Medi braf
Pump o wragedd canol oed yn dathlu gwres eu haf
Wrth gofio nôl i ddyddie'r llwybr cul
Merched Mynyddbach ar bnawn dydd Sul

Aduniad Merched Mynyddbach 2010 (Siân yw'r ail o'r dde)

Mae hyn gystal lle â'r un i sôn am Siân, un o Ferched Mynyddbach, y bwysica yn 'y mywyd i a gwrthrych sawl cân arall. Mae'r stori'n dechre yn niwedd y 6oau, pan ymunes i ag Aelwyd yr Urdd yn Nhreforys. Roedd yr Aelwyd, fel ei chymydog Aelwyd Cwmafan, yn denu cymysgedd ieithyddol o aelode, gan gynnwys canran uchel di-Gymraeg, ac o ganlyniad yn gweithredu'n ddwyieithog. Deuai nifer i'r Aelwyd trwy anogaeth ambell athro yn yr ysgolion lleol (er gwaetha sustem addysg Seisnig Abertawe ar y pryd), ac yn eu plith griw o ferched o Ysgol Gyfun i Ferched Mynyddbach. Eisoes, roedd Mynyddbach yn y cyfnod yn bresenoldeb cyson yn eisteddfodau'r Urdd, gyda chôr yr ysgol, dan arweiniad Elwyn Rees, yn ennill yn gyson. Digon naturiol, felly, oedd iddyn nhw ymuno â'r Aelwyd a chyfoethogi'r côr, y parti noson lawen a'r parti dawns yno.

Beth dynnodd fy sylw i oedd bod yna griw o ferched deniadol yn fodlon treulio bob nos Wener, ac ambell daith bws i Aelwydydd eraill, gyda rhywun fel fi. Do'n i ddim wedi'n hyfforddi ar gyfer hyn; gai'ch atgoffa chi eto 'mod i wedi 'nghodi mewn Mans Presbyteraidd lle doedd pethe cnawdol ddim yn bodoli, a taw un-rhyw oedd ysgolion uwchradd Abertawe: doedd 'da fi ddim clem am sut i gyfathrebu â merched ar wahân i berthnase. Ro'n nhw fel petaen nhw wedi glanio o blaned arall, er, mae'n siwr, yn mynd trwy'r un cyfnod o ddryswch â bechgyn o'r un oed. Felly, tipyn o ymbalfalu, ambell snog yng nghefn y bws, a 'mynd mas' a 'thorri lan' fu hi am sbel.

Roedd grŵp clòs o bump o ferched o Ysgol Mynyddbach yn rhan o'r miri – Helen, Andrea, Carolyn, Mari a Siân. Bues i 'mas' gyda mwy nag un yn eu tro, cyn iddyn nhw gallio. Ond yr un wnaeth yr argraff fwya, a'r un fu'n barod i weithio'n galed i dynnu'r gore allan ohona i oedd Siân Crawford. Yn ferch o Dreforys, o gartre di-Gymraeg, roedd ei mam hefyd o Dreforys a'i thad o Rothesay ar Ynys Bute yn yr Alban. Roedd mam ei mam yn wreiddiol o ochre Llandeilo ac yn siarad Cymraeg, ond wedi priodi Sais o'r enw Hunt, roddodd ei enw i fusnes pobi llewyrchus y teulu, a gwahardd y Gymraeg o'r cartre – stori rhy gyffredin o lawer. Daeth Bill Crawford yn ei dro i dde Cymru yn ystod yr Ail Ryfel Byd, a chael gwaith yno wedyn fel peiriannydd sifil yng ngwaith dur Port Talbot – y fe gynlluniodd y gronfa ddŵr welwch chi wrth basio'r gwaith ar hyd yr M4. Pan ddes i i nabod y teulu, ro'n nhw'n byw uwchben y siop a'r becws, ar draws y ffordd i gapel mawreddog y Tabernacl yn Nhreforys – Siân, ei brawd a'i rhieni, a'i hewyrth Ken. A'i mam-gu, oedd eisoes yn ei nawdege ac yn dal i eistedd y tu ôl i'r til yn y siop. (Yn groes i'r disgwyl, ymdopodd hi'n iawn â'r newid i arian degol ym 1971 a bu yno'n cadw llygad barcud nes ei marw'n 101.)

Tad Siân, trwy'i gysylltiade yn y gwaith dur, ga'dd fy job cynta i fi, yn ystod haf 1972, falle'r unig waith 'go iawn' i fi gyflawni erioed. Am chwech wthnos fues i'n sgaffaldiwr, neu o leia'n labrwr i sgaffaldwyr, yn dringo i ben y ffwrnesi dur gyda pholion 7, 14 neu hyd yn oed 21 troedfedd ar fy ysgwydd. Fel un sy ddim yn arbennig o hoff o uchder, rwy'n rhyfeddu wrth gofio nôl. Ar ben hynny, roedd e'n orchwyl mochedd, a drewdod y gwaith yn treiddio i bob man; bydde'n cymryd dau fàth bob nos cyn y gallen i deimlo'n agos at fod yn lân. Hyd heddi, os bydda i'n gyrru heibio gwaith dur Port Talbot (sy'n dipyn llai erbyn hyn), a'r gwynt yn chwythu o gyfeiriad penodol, rwy'n cael *flashbacks*. Ac i goroni'r cyfan, fe wrthododd Mam dderbyn yr arian, fel ro'n i wedi cynllunio iddi neud, felly waries i'r cyfan ar gopi cyflawn o sustem stereo Eddie Kwouk.

I rywun â theulu bach fel ni (Mam yn unig blentyn, dim ond saith ohonon ni gefndryd o ochor Nhad), roedd teulu Siân yn niferus: cyn colli ambell un, roedd hi'n un o ddeuddeg o gefndryd ar ochor ei mam a deuddeg arall ar ochor ei thad. Ond pethe cymhleth yw teuluoedd – am bob math o resyme, mae criw Abertawe ochor ei mam yn gyfeillgar, ond at ei gilydd, ddim mor agos â hynny, lle mae'r Albanwyr yn uned lawer tynnach. A rwy'n gwbod bod Siân wastad wedi teimlo dipyn yn nes atyn nhw. A dwi wrth 'y modd 'da nhw hefyd – cymeriade difyr a chynnes bob un.

Pan ymunes i â'r teulu, roedd cenhedlaeth tad Siân yn dal yn ei bri ac rwy'n cofio'n dda rhyw fàth o gyfweliad ges i ar f'ymweliad cynta â Rothesay. Nos Sadwrn deuluol draddodiadol oedd hi gyda phawb o gwmpas y ford yn rhoi'r byd yn ei le, potel o chwisgi a jwg o ddŵr yn y canol a phawb â'i wydr. Erbyn hyn, roedd dyddie dirwest y tu ôl i fi (diolch byth, neu falle bydde'r noson arbennig 'ma wedi'n lladd i) a dyma'r cwestiwn yn dod: Beth hoffen i gyda'r wisgi? Nawr dwi ddim erioed wedi bod yn foi wisgi, ac i fi dyw dŵr yn gneud dim ond gwaethygu'r sefyllfa (ie, philistiad). Felly dyma awgrymu 'ginger ale?' Aeth y stafell yn fud, cyn y geirie 'No, sorry'. Dyma dreio 'to: 'Lemonade?' Na, yr un ymateb. Gwawriodd hi arna i! Y dewis oedd mymryn o ddŵr neu ychydig mwy o ddŵr. Ddewises i fynd heb ddŵr o gwbwl, gan yfed y wisgi'n strêt – a llwyddo i gadw i fynd, diod am ddiod, a malu awyr am bopeth dan haul gystal â'r un. Dwi ddim yn credu i fi godi o 'ngwely tan hwyr y pnawn drannoeth. Ond fe bases i'r cyfweliad.

Erbyn hyn, ni – cenhedlaeth y cefndryd – yw'r genhedlaeth hŷn ac mae'r berthynas rhwng yr Albanwyr a'r 'Welsh cousins' mor agos ag erioed. Bob haf byddwn ni'n teithio i'r Alban, antur sy'n golygu car, awyren, bws, trên, fferi a thacsi cyn cyrraedd y pen draw. Neu bydd rhywun o'r teulu yn dod lawr aton ni. Ond dyma ble mae'r stori'n troi'n sbŵci! Yn 2011, ro'n i'n mynychu angladd fy Wncwl Bob yn Aberystwyth, yr ola o genhedlaeth Nhad. Yn dilyn y gwasanaeth, ymgasglodd pawb yn Llety Parc, Llanbadarn, am baned a rhywbeth i'w fyta. Yno y cwrddes i â gwr oedrannus o'r enw John Ifor Jones oedd, medde fe, yn gefnder pell i Bob. Felly, meddwn i, ry'ch chi hefyd yn gefnder i Nhad ac yn perthyn i fi. Sgwrsio 'mhellach a chael ei fod e'n frawd i'r Athro R. Tudur Jones, un o ffigure amlyca crefydd yng Nghymru, a felly'n ewyrth i feibion yr Athro aeth hefyd i'r weinidogaeth. 'Ond aethoch chi ddim i'r un cyfeiriad,' awgrymes i'n goeglyd. 'Na,' medde fe, 'ond mae'r mab, John Owain, yn weinidog gyda'r Eglwys yn yr Alban, o bob man.' 'O, ymhle?' Ac fe enwodd e rywle cwbwl anghyfarwydd ... cyn ychwanegu, 'Ond mae e ar fin symud i Ynys Bute.'

Felly, mae cefnder pell i fi, Cymro Cymraeg, ga'dd ei addysg yng Nghaernarfon ac Ysgol Glan Clwyd, yn weinidog ar yr eglwys lle mae teulu Siân ar ochor ei thad i gyd wedi'u claddu. Mae'n deg dweud taw hen hen hen nain a thaid sy'n ein cysylltu ni, ond ma' hynny'n ddigon da i fi. Pan oedd Siân yn drigain oed, a'i chyfnither Lorna, sy'n dal i fyw ar yr ynys, yn hanner cant, trefnwyd parti ar y cyd, a threfnon ni i ymweld â'r Parchedig John Owain Jones yn ei gartre (Mans go iawn!) am baned a chacen, cyn rhialtwch y parti Albanaidd gyda'r nos. Fore drannoeth, bore Sul, aeth cwpwl o'r cefndryd i'r eglwys, y ddau'n byw oddi ar yr ynys, a dyma sgwrsio â'r gweinidog ar ôl yr oedfa ac esbonio eu bod nhw adre ar gyfer parti. 'Ah!' medde John Owain, 'you must have been with my cousin.' Dyma fi'n troedio dau fyd eto.

Ond enw'r gân yw 'Merched Mynyddbach', nid 'Cefndryd Bute'. O'r grŵp o bump o ferched dim ond un, sef Mari, oedd yn dod o gartre Cymraeg ei iaith. Ond cafodd y lleill eu trwytho mewn iaith a diwylliant yn ystod eu cyfnod nhw yn Aelwyd Treforys, gan adael dylanwad arnyn nhw i gyd. Dysgwraig hwyr oedd Siân: wrth inni ddechrau'n perthynas, Saesneg oedd yr iaith. Roedd hi wedi cael gwersi Cymraeg ail iaith yn yr ysgol, ond rhywbeth i'w diodde oedd y rheini iddi hi fel y mwyafrif, mae'n debyg. Ond rywsut, rhywfodd, a dim ond hi allith esbonio'r peth (a mae hi'n gallu bod yn annelwig pan ma' hi ishe) penderfynodd hi ddysgu o ddifri. Nawr, hoffen i feddwl bod gen i rywbeth i'w wneud â hyn, a fe lunies i sawl gwers ar Gymraeg llafar i'w helpu hi. Ond roedd ffactore eraill, nid y lleia bod ei ffrind gorau Mari yn rhan o'r trawsnewidiad. Es i i'r coleg yn Aberystwyth, a flwyddyn yn ddiweddarach, fe ddaeth Mari a Siân yno hefyd. A Mari berswadiodd Siân i ymuno â hi yn Neuadd Gymraeg Davies Bryan lle doedd dim dewis ond ymarfer ei hiaith newydd. Ac fe lwyddodd, a dweud y lleia (heb sôn am y radd dosbarth cynta a doethuriaeth mewn Cemeg gasglodd hi ar y ffordd). Heb wers ffurfiol ers rhai tila'r ysgol, mae Siân ers degawde lawer yn hollol rugl, er yn gneud cam â'i hunan hyd heddi wrth gyfeirio ati'i hunan fel dysgwr. Ry'n ni i gyd yn ddysgwyr; mae rhai'n penderfynu dysgu'n hwyrach na'i gilydd.

Ond, unwaith eto, enw'r gân yw 'Merched Mynyddbach', nid 'Merch Mynyddbach'. Wedi'r ysgol, y cam nesa i'r pump oedd gadael cartre a symud i goleg, a dechreuodd yr uned glòs ddadfeilio wrth i Helen, Andrea, Carolyn, Mari a Siân ddilyn trywydd gwahanol; o dipyn i beth, aeth y gang ar chwâl. Roedd pob un ohonyn nhw mewn cysylltiad gydag un, neu ddwy, o'r lleill, ond roedd bywyd wedi symud ymlaen iddyn nhw i gyd. Yna yn 2010, yn eitha damweiniol, sylweddolwyd bod y pump, gan gynnwys dwy oedd bellach yn byw yn Lloegr, yn mynd i fod yn Abertawe ar yr un adeg, ac aed ati i dynnu'r llinynnau ynghyd a threfnu i gwrdd am ginio.

Roedd pawb ychydig yn betrus o flaen llaw: wedi'r cyfan, roedd hi bron yn ddeugain mlynedd ers y dyddie ysgol hynny. Ac mae pobol yn newid. Ond o fewn munude, roedd ddoe'n ôl wrth i'r menywod droi'n ferched unwaith eto. Aeth y pump am bryd o fwyd heb eu partneriaid. Ond ro'n i wedi gweld digon i ysbrydoli'r gân. Parodd y cinio am orie, llawer hwy na'r disgwyl, gyda hel atgofion, cymharu profiade a chynllunie i gwrdd eto. A dyna sy wedi digwydd: ma'n nhw wedi mwynhau sawl aduniad ers hynny, a rwy inne wedi cael cyfle i ddod i nabod hen ffrindie o gyfnod f'arddege'n well. I aralleirio hen ystrydeb, fe allwch chi gymryd y ferch mas o Fynyddbach ond dynnwch chi fyth Mynyddbach mas o'r ferch.

Hei, Mistar Urdd

Hei Mistar Urdd yn dy goch gwyn a gwyrdd
Mae hwyl i'w gael ymhobman yn dy gwmni
Hei Mistar Urdd, tyrd am dro ar hyd y ffyrdd
Cawn ganu'n cân i holl ieuenctid Cymru

Gwelais di'r tro cynta 'rioed yn y gwersyll ger y lli
A chofiaf am yr hwyl fu yno'n hir
Dyddiau hir o heulwen haf, y cwmni gorau fu
Ac af yn ôl i aros cyn bo hir

Noson hir o aeaf oer, fe welais di drachefn
Dangosaist fod 'na rywle imi fynd
Dyma aelwyd gynnes iawn a chriw 'run fath â fi
A chyfle i adnabod llawer ffrind

Diolch iti Mistar Urdd, dangosaist imi'n glir
Fod gennyt rywbeth gwych i'w roi i mi
Gwersyll haf a chwmni braf mewn cangen ymhob tre
A gobaith i'r dyfodol ynot ti

Lynfa ac Alun adeg eu dyweddïad – Llangrannog 1948

Mae 'mherthynas i â'r Urdd yn mynd yn ôl yn bell, cyn fy ngeni hyd yn oed, achos yng ngwersyll Llangrannog ar ddiwedd y 40au y cyfarfu fy rhieni: Alun Bach o Fachynlleth a Lynfa o Don Pentre yn y Rhondda. Roedd Syr Ifan ab Owen Edwards, y sylfaenydd, yn arwr yn ein tŷ ni wrth i fi dyfu lan, a'r Urdd yn fudiad oedd yn cael cefnogaeth gyson, o Langrannog i eisteddfodau i wyliau. Dreulion ni'r gwyliau teuluol cynta erioed y tu hwnt i berthnasau yn y Rhondda, Machynlleth a Chorris (Secret Escapes? Pah!) yng ngwesty Pantyfedwen yn y Borth, oedd yn eiddo i'r Urdd. Yn ddeg oed, ces fy anfon i Langrannog fel gwersyllwr, heb fwynhau rhyw lawer. Ond bues i yno sawl gwaith wedyn, felly mae'n rhaid 'mod i wedi dros y pwl o hiraeth brofes i'r tro cynta hwnnw.

Does dim dwywaith taw Syr Ifan a'r Urdd oedd sail cymaint o Gymreictod fy rhieni. Os nad o'n nhw'n genedlaetholwyr (yn agored, o leia – er, dwi'n amau dim bod Mam yn fwy pybyr na Nhad), ro'n nhw'n sicr yn wladgarwyr, a hynny'n tarddu o'r iaith a'r diwylliant Cymraeg yn anad dim. Roedd y ddau o gefndiroedd gwahanol; Machynlleth yn llawer Cymreiciach na'r Rhondda, oedd yn newid yn ieithyddol yn gyflym iawn yn y 20au a'r 30au. Ac yn achos Mam, roedd 'na un oedd yn rhagori ar Syr Ifan hyd yn oed o ran dylanwad, sef T. Alban Davies, ei gweinidog yn Jeriwsalem, Ton, a sylfaenydd cangen yr Urdd yno – cyfuniad anarferol yn Rhondda'r 1920au a 30au o sosialydd a chenedlaetholwr. Roedd yntau hefyd yn destun parch os nad eilunaddoliad yn ein cartre ni.

Rwy eisoes wedi sôn am gyfnod Aelwyd Treforys. Fe ymunes i'n bymtheg oed, yn hŷn na'r oed ymaelodi arferol. Ddes i'n aelod, dan orfodaeth fy rhieni eto, cyn i fi a'm hormonau sylweddoli bod hwn yn lle da i gwrdd â merched ac ambell gyfaill newydd o fachgen drwg a diddorol hefyd (camwch ymlaen Wyn Thomas!).

Ond rhoddodd busnes yr Arwisgo yn '69 straen ar y berthynas rhyngddo i a'r Urdd. Erbyn hynny, ro'n i wedi darganfod cenedlaetholdeb, yn aelod o Blaid Cymru a Chymdeithas yr Iaith. Roedd yr Urdd fel mudiad wedi'i ddal yn y canol ar fater y prins, a ninnau'r aelodau wedi'n hollti'n ddau. Yn Eisteddfod Aberystwyth y flwyddyn honno, lle'r oedd Charles wedi'i wahodd i annerch y dorf, cawson ni i gyd ein rhybuddio gan arweinyddion yr Aelwyd i beidio â mynd yn groes i'r sefydliad. Gwrthod wnes i a nifer o nghyfeillion, ac ymuno â'r criw gododd a cherdded mas mewn protest. A bod yn deg â'r arweinyddion, fu 'na ddim goblygiadau negyddol ac aeth pethe mlaen fel cynt – teithiau pell ac agos, gan gynnwys antur haf 1970 i'r Alban – llond bws ohonon ni, yn cysgu ar lorie ysgolion a pherfformio yn Gymraeg i'n cyd-Geltiaid mewn nosweithie llawen.

Bu gwylie yn Nglan-llyn hefyd, y mwya arwyddocaol ym 1971 wrth gwrs, pan gwrddes i ag Elgan, Derec a Delwyn Siôn a chychwyn taith gyffrous Hergest. Ac roedd mwy i ddod. Rwy'n cofio sgwrs ymhlith nifer ohonon ni fyfyrwyr Adran Gymraeg y Brifysgol yn Aberystwyth yn trafod 'y dyfodol', a nghyfaill Menna Richards yn dweud y galle hi 'ngweld i'n mynd i weithio at yr Urdd. Wfftio wnes i; er yr holl brofiade dymunol ro'n i wedi'u profi, roedd cysgod yr Arwisgo, a natur sefydliadol y mudiad ar y pryd, yn ddigon i fi ddiystyru'r syniad. Ond peth rhyfedd yw bywyd.

Wedi graddio, beth nesa? Y flaenoriaeth i fi oedd gallu aros yn Aberystwyth, a'r ffordd rwydda o wneud hynny oedd parhau'n stiwdent yn oes y grantie hael. Wnes i ddim ystyried gwaith ymchwil. (Ces i wybod yn ddiweddarach gan un o ysgolheigion yr adran ei fod e wedi bod yn awyddus i fi wneud. O edrych nôl, rwy'n ddiolchgar bod y neges honno wedi cyrraedd yn rhy hwyr – fydden i ddim wedi gneud academic da.) Y dewis amlwg arall, a mwy cyffredin, oedd ymarfer dysgu. Byddai hynny'n rhoi blwyddyn arall i fi yn Aber ar bwrs y wlad, amser i ystyried opsiynau eraill a chyfle i ennill cymhwyster wrth gefn ar yr un pryd.

Yn anffodus, doedd y cynllun hwnnw ddim yn un cyfrwys, chwedl Blackadder. Yn fuan iawn y sylweddoles i 'mod i wedi gneud camgymeriad. Roedd natur y cwrs yn llawer mwy academaidd nag yr o'n i wedi'i ddychmygu. Ac o'r cychwyn cynta, fe ddaeth hi'n amlwg nad oedd arweinydd y cwrs, Gareth Edwards, a fi'n mynd i ddod mlaen. Gwrthdaro personoliaethau – mae'n digwydd. Ar ben hynny, ar ôl mis o ddarlithoedd, dyma'n hanfon ni mas am fis o brofiad o flaen disgyblion ysgol. Llwyddes i i gael lle yn Ysgol Pantycelyn, Llanymddyfri – yr union ysgol y bydden i wedi'i mynychu petaen ni heb symud fel teulu ym 1963. Ysgol uwchradd gymharol fechan, canran helaeth o'i disgyblion yn siarad Cymraeg, o gefndir gwledig ac amaethyddol, fawr ddim probleme disgyblu, staff croesawgar ... a ro'n i'n casáu bob munud. Gor-ddweud falle, ond roedd e'n ysgytwad – a des i i'r casgliad nad bod yn athro oedd fy nyfodol i.

Pam? Yn syml iawn, ro'n i'n methu'n lân ag ymdopi â wynebu llond dosbarth o ddisgyblion. Yr ofn yna o 'berfformio' eto. Mae hyn wedi'i amlygu'i hun mewn amryw ffyrdd ar hyd y blynyddoedd: rwy wedi dysgu trwy brofiad chwerw i wrthod, mor gwrtais â phosib, bob gwahoddiad i annerch unrhyw gymdeithas neu glwb. Ac unwaith yn unig yr ydw i wedi perfformio caneuon ar fy mhen fy hun o flaen cynulleidfa. Dwi ddim yn cofio'r ymateb y noson honno, ond wnes i ddim mwynhau, a dweud y lleia. 'Byth eto!' oedd y gri fewnol, a hyd yn hyn, dwi wedi cadw at hynny. Ond, meddech chi (a nid chi yw'r cynta), shwd elli di fod ar lwyfan gyda Hergest neu Mynediad am Ddim o flaen cannoedd o bobol, neu fod ar soffa *Heno* a malu awyr yn hyderus? Fedren i ddim esbonio'r peth fy hun am flynyddoedd nes clywed am gyflwr 'glossophobia', sef, credwch neu beidio, ofn siarad neu berfformio cyhoeddus, lle mae dioddefwyr yn dygymod â'r diffyg cymdeithasol hwn trwy ymdoddi i gôr neu gwmni drama. Mae'n swnio fel stori wneud gyfleus, ond wir yr, mae'n gyflwr sydd wedi'i gydnabod yn wyddonol. A mae e'n neud sens i fi.

Dyma ddechre pori trwy gefn y *Western Mail* am swyddi allai gynnig achubiaeth. Trwy lwc, roedd dwy swydd yn mynd … gyda'r Urdd! A wel! Ro'n i'n desberêt, a phetawn i'n cael un o'r swyddi, fydde ddim rhaid i fi aros yno'n hir; allen i gario mlaen i chwilio. Anfones i gais am y ddwy swydd, un yn Drefnydd Sir Ceredigion a'r llall yn Drefnydd Cynorthwyol Eisteddfod Genedlaethol yr Urdd, y ddwy – hwrê – wedi'u lleoli yn Aberystwyth. O fewn dim, dyma wahoddiad i gyfarfod â Chyfarwyddwr yr Urdd, Cyril Hughes, lle wnaeth e'n annog i i gwblhau'r cwrs addysg; byddai swyddi eraill yn codi gyda'r Urdd, a byddai gen i gymhwyster wrth gefn. Buan y sylweddolodd ei fod e'n siarad â'r wal a bod dim symud i fod.

Daeth noson y cyfweliad o flaen llond stafell o fawrion y mudiad. Falle nad o'n i wedi clywed am *glossophobia* eto, ond ro'n i'n teimlo'r effaith. Rywsut ddes i drwyddi wedi i fi orfod nodi p'run o'r ddwy swydd, petawn i'n cael dewis, fyddwn i'n ei ffafrio. Dwi ddim yn meddwl 'mod i wedi paratoi'n ddigonol, achos ddaeth y cwestiwn yn annisgwyl, a beth bynnag, ro'n i'n barod i dderbyn unrhyw beth fydde'n fy achub rhag dysgu. Heb amser i feddwl, es i am y steddfod, a roedd lwc o mhlaid i, achos eto, o edrych nôl, roedd hi'n swydd ddelfrydol. Ac rwy'n gwbod erbyn hyn taw Trefnydd Sir gwael iawn fydden i wedi bod. Ac ar ddiwedd y noson, llwyddiant! Ces i gynnig y swydd a ro'n i'n rhydd.

Roedd hi'n ddiwedd Tachwedd a'r swydd yn cychwyn ym mis Ionawr, felly dyma fynd i hysbysu Gareth Edwards yn yr Adran Addysg am y sefyllfa. A dyma newid barn am y dyn yn syth. Dwedodd wrtha i'n blaen nad oedd e am siarad â fi am y peth, ond i fi ddod nôl ar ddiwedd y tymor ymhen pythefnos gyda'r un neges. Rhywun arall esboniodd i fi beth oedd e wedi'i wneud. Petawn i wedi gadael y cwrs ym mis Tachwedd bydden i wedi gorfod addalu'r arian grant am y tymor; ar ddiwedd tymor roedd yr arian hwnnw wedi cael ei ddefnyddio'n bwrpasol yng ngolwg yr awdurdodau, felly fydden i'n rhydd. Roedd hi'n weithred hynod garedig ar ran Gareth a bu ein perthynas ni'n llawer cynhesach wedi hynny. (Bu'n feirniad eisteddfodol fwy nag unwaith yn ystod fy nghyfnod gyda'r Urdd.)

Roedd yr Urdd yn mynd trwy gyfnod mawr o newid pan ymunais i â'r staff. Roedd y mudiad newydd ddathlu'i hanner canmlwyddiant, roedd Syr Ifan ab Owen Edwards wedi marw, y Cyfarwyddwr cynta, R.E. Griffith, wedi ymddeol ar ôl degawdau wrth y llyw a roedd nifer o aelodau staff eraill yn ymddeol, eto wedi blynyddoedd o wasanaeth. Daeth ton newydd o staff i fywiogi'r mudiad, nifer yn genedlaetholwyr yn ogystal â gwladgarwyr, os ca'i ei roi e fel'na. Roedd Cymru wedi newid yn ystod y ddegawd flaenorol – Tynged yr Iaith, Cymdeithas yr Iaith, Gwynfor '66, Tryweryn, yr FWA, yr Arwisgo – a roedd yna symudiad i newid yr Urdd hefyd. Wedi dweud hynny, doedd ceidwadaeth ddim wedi diflannu'n llwyr. Byddai staff maes a swyddfa'n cwrdd yn fisol yn y pencadlys yn Aberystwyth. Rwy'n credu taw fi oedd y cynta i beidio â gwisgo tei i'r cyfarfodydd hynny, er i fi guddio'r ffaith am fis neu ddau wrth wisgo siwmper coler uchel. Dwi ddim yn cofio pam ro'n i'n poeni – wedi'r cyfan, roedd 'da fi wallt lawr i f'ysgwydde, arwydd nad o'n i'n fachan tei.

Mantais benna'r swydd steddfod dros y swydd yn y maes oedd bod gen i rywun i ddangos sut oedd gwneud y gwaith. Elvey McDonald oedd y Trefnydd (adran o ddau oedd hi) a bu e'n amyneddgar iawn gyda'i gyw-gynorthwywr gan ddysgu'r sgiliau sylfaenol gynhaliodd fi trwy beth rwy'n ei galw, gyda gwên, yn 'yrfa'. Gymrodd hi ddim rhyw lawer o amser i fi sylweddoli 'mod i wedi glanio ar 'y nhraed, a bod y gwaith yn fy siwtio i i'r dim. Yn fuan iawn, trodd y swydd 'dros dro' yn rhywbeth llawer mwy.

O fewn mis i gychwyn ar y swydd, fe symudodd y ddau ohonon ni i Lanelli am dri mis ola paratoadau Eisteddfod 1975. Yno y ces fy nghyflwyno i Gadeirydd y Pwyllgor Gwaith, Dennis Jones, prifathro ysgol ramadeg y bechgyn yn y dre. Rwy'n cofio'n fyw cerdded mewn i'w swyddfa yn yr ysgol, yntau yn gwisgo gŵn du athro ac yn eistedd o flaen llun mawr mewn ffrâm o Ddug Caeredin neu'r Cwîn (mae'r atgof yn gymysglyd). Roedd Mr Jones yn frenhinwr ac yn foi Llafur mawr (cyfuniad nad ydw i erioed wedi'i ddeall). Dyma Elvey yn cyflwyno aelod newydd yr adran eisteddfodol, a Dennis yn codi o'i gadair, ysgwyd fy llaw i'n wresog gyda'r geirie: 'Mae'n falch iawn 'da fi gwrdd â chi MISTAR (sylwer) Geraint Davies .... (saib) ... ER ... (saib arall) ... dwi ddim yn arfer croesawu dynion â gwallt fel 'na yn fy ysgol i!' Ond er y cyfarfyddiad cynta ychydig-bach-yn-lletchwith hynny, bu MISTAR Dennis Jones yn hynod garedig tuag ata'i gydol ein cyfnod o gydweithio – dim mwy o sôn am y gwallt – ac fe ososod e far uchel iawn o safbwynt cadeirio pwyllgorau. Fe oedd y gore i fi ddod ar ei draws erioed o safbwynt cyflawni pethe ac, yn bwysicach fyth, cadw cyfarfodydd yn fyr. Ces i'n sbwylo, oherwydd er cystal cadeiryddion digon hynaws a charedig ar ei ôl e, lwyddodd neb arall i gyrraedd y safon osodwyd ym 1975. A dyna, o bosib, yw'r rheswm pam dwi wedi osgoi bod ar bwyllgor ers blynyddoedd.

Mantais arall i fi, o ran y dewis wnes i, oedd bod pob Trefnydd Sir yn gorfod gwrando ar ddwsinau o berfformiade o'r un darn mewn Steddfodau Cylch a Sir, ac eto yn y Genedlaethol, hyd at syrffed. Roedd Elvey a fi'n gallu osgoi'r Cylch a'r Sir, ac yn y Genedlaethol ei hun, ro'n ni'n fwy tebygol o fod yn datrys probleme toiledau neu drafnidiaeth na'n dilyn gweithgareddau'r llwyfan. Ond er nad oedden ni'n gyfrifol am y steddfodau rhanbarthol, yn amlach na pheidio y ni fyddai'n derbyn y llythyrau cwyn niferus yn sgîl y rhagbrofion hynny, fel rheol yn nodi bod Joni Bach wedi cael cam. Ac oherwydd natur yr Urdd, roedd yna deimlad o ddyletswydd i ateb pob llythyr, oedd yn cymryd tipyn o amser ar adeg pan oedd dyddiad y Genedlaethol yn nesáu a phwysau'n cynyddu. Un diwrnod, awgrymes i wrth Elvey bod 'da fi gynllun i osgoi'r holl waith annifyr yma. Ro'n i wedi paratoi llythyr ateb pro-fforma allai ateb unrhyw gŵyn. Am funud, roedd Elvey'n meddwl y byd ohona i, nes i fi ddangos y pro-fforma:

Annwyl (bwlch),
Diolch am eich llythyr dyddiedig (bwlch). Wedi ymchwilio'r amgylchiadau'n drylwyr, mae'n bleser gennyf eich hysbysu nad oes sail o gwbl i'ch cwyn.
Yn gywir,
(bwlch)

Am ryw reswm, chafodd y syniad arloesol hwn mo'i fabwysiadu.

Wnaeth neb fwy i foderneiddio'r Urdd na Wynne Melville Jones, y swyddog cyhoeddusrwydd ar y pryd. Ymhlith syniadau bywiog Wynne roedd y ffilm *Dyma'r Urdd* (a ddefnyddiodd dalentau Edward H Dafis ymhlith eraill), y Ras Falŵns, ymgyrch 'Urdd '74' gyda Cleif Harpwood a grŵp Cwrwgl Sam, ac wrth gwrs Mistar Urdd. Roedd e hefyd, gyda llaw, yn greadigol iawn wrth gyhoeddi/amcangyfri rhifau mynediad dyddiol yr Eisteddfod i'w rhoi i'r wasg. Creodd Wynne Mistar Urdd fel cymeriad cartŵn, ac fel pob cymeriad cartŵn gwerth ei halen, roedd angen cân. Mater o lwc oedd hi fy mod i'n gweithio yn y swyddfa drws nesa, ac fe berswadiodd Wynne fi i roi cynnig arni.

A dyna sut ddaeth 'Hei Mistar Urdd' i fod. O ran alaw, ro'n i'n ymwybodol bod angen iddi fod yn syml, rhwydd ei chanu, i blant yn anad neb. Felly cadwes i at bedwar cord gitâr (byddai rhai'n honni taw dyna eithaf fy *repertoire*). A dyma lwc eto, gan fod yna odl amlwg rhwng 'Mistar Urdd' a 'Coch, gwyn a gwyrdd', sef lliwiau traddodiadol Cymru a'r Urdd ei hun wrth gwrs. Rwy wedi nodi droeon pa mor ddiolchgar yr ydw i na ddewisodd Syr Ifan fod yn rebel heriol a dewis du, oren a phinc fel lliwiau i'w fudiad newydd. Gyda thri phennill, un yr un i'r gwersylloedd a'r adrannau ac aelwydydd lleol ac un arall i gloriannu, am ryw reswm wnes i ddim crybwyll yr Eisteddfod a finne'n gweithio iddi! Alla' i ddim cofio pam, a bydde odl hawdd 'gŵyl' a 'hwyl' wedi bod yn sylfaen dda, ond dyna ni – mae'n ddigon hir fel y mae hi.

Recordiwyd y gân, ynghyd â thair arall gan y ddau

athro gweithgar Gwyn Williams ac Eirwyn Jôs, yng Nghaerdydd. Dewiswyd Emyr Wyn (lenwodd swydd Trefnydd Ceredigion am gyfnod byr cyn dod yn wyneb cyfarwydd ar raglen deledu *Bilidowcar*) i ganu. Awgrymodd Emyr y gallai ei gyd-gyflwynydd Hywel Gwynfryn, oedd yn dysgu drymio'n gyhoeddus ar y rhaglen, ddangos ei dalent ar record. A llenwyd y bylchau eraill gan fy nghyfaill Alun Thomas ar y bâs, Eirwyn Jôs ar y piano, a finne ar gitarau ac organ geg. Daeth Gwyn ac Eirwyn â chriw o'u disgyblion yn Ysgol Brynteg, Pen-y-bont ar Ogwr ac Ysgol Pontygwaith yn y Rhondda i greu côr i forio canu'r cytganau. O ystyried mai cwrdd â'i gilydd am y tro cynta roedd y mwyafrif (nid y ffordd orau i baratoi am recordiad), fe drodd pethe mas yn rhyfeddol o dda.

Bu yna sawl record Mistar Urdd-aidd arall wedi hynny: 'Dyma fi Mistar Urdd' gyda Mici Plwm, 'Y Fi a Mistar Urdd a'r Crysau Coch', y tro cynta i fi weithio gyda Ray Gravell, 'Pengwyn' (Emyr Wyn eto) a 'Bytis Mistar Urdd' gan y band anhygoel Rudi Llywelyn a'r Gwersyllwyr. Ond 'Hei Mistar Urdd' sydd wedi goroesi, a hynny dros gyfnod o ddeugain mlynedd a mwy, gyda fersiynau newydd gan CIC, Rapsgaliwn a Mei Gwynedd, ac wedi'i pherfformio gan filoedd o blant mewn cyngherddau, gwyliau a steddfodau erbyn hyn. Does dim dwywaith taw dyma 'nghân fwya poblogaidd i. Ac mae clywed criw o blant yn ei chanu hi yn wefr ac yn destun balchder i fi hyd heddi. Diolch Wynne.

Glanceri

Nosau clir a thannau dur
Ac awel ar y traeth
Llecyn braf ar ddydd o haf
I gerddor ar ei daith
Troedio'r draethell arian
Pan fo'r tonnau oll ar drai
A'r haul yn suddo'n araf yn y bae

'Mhell o dwrw'r ddinas
'Mhell o sŵn y dre
Mae seiniau mwyn Glanceri
Yn fy ngwahodd tua thre

Gwyntoedd llym a gwibwyr chwim
Yn rhodio min y don
Nodau per o dan y sêr
A'r eigion ger ein bron
Camwy Prys, Meleri Mair
Yn uno yn y gân
A'r gors yn gefndir hardd o fflamau tân

Sones estridentes
Los de la cuidad
Muy dulces melodias
De calma y pas cantad *

(*Aflafar yw seiniau'r ddinas;
Canu alawon melys sy'n rhoi hedd a llonyddwch)

Nôl i Rockfield yn 2018 gyda Bryn Terfel

Erbyn hyn, mae Glanceri'n nifer o bethe gwahanol i fi – cân, teitl record hir, cyn-gartre, gwefan, cyfeiriad e-bost a label recordie. Ond yn y lle cynta, fflat oedd Glanceri, ym mhentre glan môr y Borth ger Aberystwyth. Wel, fflat uwchben siop grefftau, a bod yn fanwl. Ar ôl blwyddyn yn Neuadd Pantycelyn, symudodd fy ffrindie Eddie a Terry mas i'r Borth a buon nhw'n gwasgu ar griw ohonon ni i ymuno â nhw. Ymhen rhai misoedd, ro'n nhw wedi dod o hyd i le delfrydol i ni. Roedd John Matthews, perchennog y siop a sawl busnes bach arall yn y Borth, newydd adnewyddu'r fflat deulawr â phedair stafell wely gyda sustem trydan, stafell molchi a chegin newydd ac yn gobeithio'i rhentu i deulu darlithydd neu rywrai tebyg, ond heb gael lwc hyd yn hyn. Eddie a Terry berswadiodd e eu bod nhw'n nabod criw o fechgyn parchus (dau ohonyn nhw'n feibion i weinidogion!) alle fod â diddordeb. Diolch i'w gwaith lobïo nhw, symudodd Geraint Thomas, Alun Thomas a fi o Bantycelyn ym mis Medi 1973. Roedd angen rhywun i lenwi'r bedwaredd stafell wely a rhannu'r rhent o £12 yr wythnos, a pherswadiwyd Delwyn Siôn i ymuno â ni.

Roedd Delwyn wedi cyrraedd Aber flwyddyn ar fy ôl i, a rhoi hwb ychwanegol i ddatblygiad Hergest fel grŵp go iawn. I Fangor yr aeth Derec, ond gydag Elgan yn dal i weithio yn y llyfrgell, roedd y tri ohonon ni yn Aber yn gallu ymarfer a thyfu'n uned gryfach bob dydd, gyda Derec yn ymuno pan alle fe, a phawb yn llwyddo rywsut i gyrraedd nosweithie anghysbell.

I'r pedwar ohonon ni, roedd recordio yn Rockfield wedi bod yn brofiad a hanner. Bellach mae'r lle'n fydenwog, yn brolio enwau llu o artistiaid llwyddiannus fel Queen, David Bowie, Elvis Costello, Robert Plant a llawer mwy, ond roedd hi'n dal yn ddyddie cynnar i'r stiwdio pan fuon ni yno. Wedi amode digon amrwd Recordiau'r Dryw, roedd hi'n agoriad llygad – peirianne amldrac, cyfle i gywiro mân walle trwy dechneg *drop-in*, a chyfleustere gystal ag unrhyw stiwdio broffesiynol. Dau frawd, Kingsley a Charles Ward, oedd y tu ôl i'r fenter a Kingsley oedd wrth y peirianne wrth i Huw Jones ein llywio ni trwy'n record (pedair cân) gynta. Roedd Kingsley'n gymeriad a hanner, llawn hiwmor, oedd mor bell o'r byd Cymraeg ag y galle fe fod; ond eto'n gwbwl agored i weithio gyda ni ac artistiaid eraill Sain (oedd, at ei gilydd, yn fwy dibrofiad ac o bosib yn fwy amaturaidd na'i gleientiaid arferol), ond gyda'r un sylw, manylder a pharch ag y bydde fe'n rhoi i enw 'mawr'.

Dros ddeugain mlynedd ar ôl i fi fod yno ddwetha, ro'n i nôl yn Rockfield (yn cymryd rhan fechan mewn rhaglen ddogfen ar y teledu, gyda neb llai na Bryn Terfel) ac yn cwrdd â Kingsley am y tro cynta ers hynny. Roedd e dipyn yn hŷn a gyda thipyn llai o wallt (do'n i wrth gwrs heb newid o gwbwl!). Cyflwynes i fy hunan, gan nodi 'mod i wedi bod yno yn '73 a '74. A medde fe'n syth gyda'r un wên gyfeillgar, 'I remember you!'. Bolycs wrth gwrs, ond nodweddiadol o'i natur gynnes e. Seren.

Enw mwya Rockfield ar y pryd oedd Dave Edmunds. Roedd e'n byw a bod yno, yn recordio pob offeryn ei hun, dyblu lleisie a chreu cyfres o recordie llwyddiannus iddo fe'i hunan, a chyfrannu'n achlysurol at recordie Cymraeg hefyd. Un o gyfleon coll Hergest oedd pan ddychwelon ni i Rockfield i recordio am yr ail waith. Roedd 'da ni gân lle bydde gitâr pedal ddur wedi ffitio'n net ac roedd Edmunds, oedd wedi whare'r offeryn yn wych ar fersiwn Dafydd Iwan o 'Gee Geffyl Bach', o gwmpas y lle. Ond erbyn i ni godi digon o hyder i fynd i chwilio amdano fe a gofyn ('Cer di ... Na, gofyn di...'), dyna lle'r oedd e – wedi mynd.

Y tu fas i'r stiwdio, roedd y cyfleon i berfformio'n fyw yn cynyddu, mewn nosweithie hynod amrywiol. Roedd hi'n gyfnod o newid ym myd adloniant Cymraeg; ychydig ar ei hôl hi falle, gyda chyfnod y Noson Lawen gyda'i chymysgedd o artistiaid o feysydd gwahanol yn dirwyn i ben, yn sicir ymhlith y to iau, ond cyn i'r gair 'gig' ennill ei blwy. Weithie bydde sustem sain, weithie un meicroffon, weithie dim, ac fe allech chi fod yn rhannu llwyfan ag adroddwr digri, côr cerdd dant, parti dawns, tenor, popeth ond ci defaid yn jyglo (er, wedi meddwl, roedd 'na un noson yn Sir Fôn ...)

Un noson sy' wedi aros yn y cof yw un yn Aberporth. Ni oedd i gychwyn y sioe, ond roedd 'na gwmwl dros y noson, wedi marwolaeth un o fawrion diwylliannol yr ardal, a Chymru o ran hynny, sef D. Jacob Davies, y diwrnod hwnnw. Roedd hi'n gwbwl addas felly i'r arweinydd ddweud gair a gofyn i bawb godi am funud fel arwydd o barch. Distawrwydd ... yna 'Diolch yn fawr. A nawr, rhowch groeso i Hergest!'. Nid yr amgylchiad gore i ni godi hwyl, a dwi ddim yn credu i fi erioed deimlo mor lletchwith ar lwyfan.

Crwydron ni dipyn, ac roedd cael car (peth digon prin i fyfyrwyr ar y pryd) yn fantais amlwg. Buon ni hefyd yn lwcus iawn, yn enwedig yn y de, o gael teuluoedd oedd yn barod iawn i roi lle ty a bwyd inni i gyd pan fydden ni'n canu yn yr ardal. Roedd dryse agored yng Nghaerfyrddin, Llanfarian, Treforys ac Aberdâr, ac yno'n arbennig y sylweddoles i pa mor gefnogol oedd ein rhieni. Tŷ teras cyffredin oedd un rhieni Delwyn, a wnes i ddim ystyried am sbel sut oedd lle i bawb gysgu, nes deall bod Mr a Mrs Davies wedi symud mas i gysgu gyda pherthnase cyfagos er mwyn i ni gael gwely. Un enghraifft yn unig o garedigrwydd yw honna; roedd 'na lawer mwy. Dwi ddim yn credu inni ddiolch digon iddyn nhw i gyd, ond dwi ddim wedi anghofio.

Fel wedes i, roedd pethe'n newid, ac arwydd o hynny oedd gweld cynifer o grwpie newydd yn dod i'r amlwg tua'r un adeg, yn cyfansoddi'u caneuon eu hunain, ac yn rhannu'r un gwerthoedd gwleidyddol ac ieithyddol. Tyfodd cysylltiad clòs rhwng Sidan (Sioned, Caryl, Gaenor, Gwenan a Meinir), Ac Eraill (Tecs, Iestyn, Cleif, Phil a Sbardun), Edward H Dafis (Hefin, Dewi, John a

Charli) a ni. Weithie bydden ni'n rhannu llwyfan yn swyddogol, weithie'n troi lan i gefnogi'n gilydd ac yna'n ymuno'n answyddogol ar gân neu ddwy, gyda John a Charli o Edward H yn cynnig uned bas-a-drymie i ni i gyd, ar lwyfan ac ar record.

Penllanw hyn oedd Nia Ben Aur. Tyfodd y sioe o gân Ac Eraill o'r un enw gan Tecwyn Ifan a Cleif Harpwood brofodd yn hynod boblogaidd ar lwyfannau Cymru yn ystod gaea '73/'74. A gyda chefnogaeth Pwyllgor Gwaith Eisteddfod Caerfyrddin, comisiynwyd y grŵp i ddatblygu'r syniad yn opera roc ar gyfer y Brifwyl. Wrth i'r syniad ddatblygu, tynnwyd cyfoedion Ac Eraill i mewn, eto Sidan, Edward H a ni, ynghyd â Heather Jones (pwy arall alle bortreadu Nia?) a Gruff Miles o'r Dyniadon Ynfyd Hirfelyn Tesog yn llefarydd. Erbyn hyn roedd Hergest yn driawd wedi i Derec Brown adael y grŵp am gyfnod (ei ddisgrifiad e: 'Es i mas i ôl sanwijes'), a'r bwriad gwreiddiol oedd inni fod yn rhan o'r corws, oedd hefyd yn golygu rhywfaint o ddawnsio. Ro'n i'n llai na brwdfrydig, rhaid cyfadde, nes i'r alwad ffôn ddod gan Hefin Elis, oedd wedi'i benodi'n gyfarwyddwr cerdd ar y sioe. Gofyn oedd e a fydden i'n meindio peidio bod ar y llwyfan, ond yn hytrach ymuno â'r band yn y cefndir. Meindio? Ro'n i wrth 'y modd!

Y band bach sylfaenol, dan arweiniad Hefin, oedd John Griffiths, Charli Britton, fi a Geraint Griffiths. Dyma'r tro cynta i fi gwrdd â Geraint er 'mod i wedi clywed am y boi 'ma oedd yn byw yn Llundain, yn nyrsio ond hefyd yn whare mewn bandie yno, gan ei gefnder John, oedd wedi tyfu'n ffrind agos. Roedd GG'n dipyn gwell gitarydd na fi. Ond bu e'n hynod amyneddgar ac yn help aruthrol wrth i fi ymestyn 'y ngallu a chadw 'mhen uwchben y dŵr.

Chwaraeodd e ran y brawd mawr, nid am y tro ola.

Rwy'n credu 'mod i'n siarad ar ran pawb fu ynghlwm wrth Nia Ben Aur, yr wthnose o ymarfer yng Nghaerdydd a Bronwydd, a'r perfformiad ei hun, pan ddweda i'n bod ni wedi cael profiad cofiadwy, er mor siomedig yr aeth pethe ar y noson. Mae'r hanes yn chwedl erbyn hyn – rhwng y prinder amser ymarfer ar lwyfan yr Eisteddfod (roedd cyngerdd arall yn y Pafiliwn o'n blaen ni) a methiant y sustem sain, bu'r cyfan yn siom i ni ac i'r gynulleidfa, yn enwedig ar ôl yr holl ddisgwyl. Doedd dim cyfle i adfer y sefyllfa chwaith – un noson oedd hi – ac yn y parti hwyr-y-nos yng ngwesty'r Priordy, roedd 'na gymysgedd o ddathlu, rhyddhad, blinder a siom, a thristwch pellach o sylweddoli bod y gwmnïaeth yn dod i ben. Ond er i gyffro Nia Ben Aur ddod i ben y noson honno, mae'r teulu cerddorol grëwyd yn ystod haf 1974 yn dal yn un tynn ac yn rhywbeth ry'n ni i gyd yn ei drysori hyd heddi.

Ôl-nodyn a rheswm arall dros gofio'r noson honno: wrth ddychwelyd i'r maes carafanau lle ro'n ni'n aros, a hithe bellach yn orie mân y bore, trodd y noson yn fwy swreal. Roedd y lle'n hynod fywiog, hyd yn oed yn nherme maes carafanau eisteddfodol, gyda sŵn dathlu mawr – roedd y newyddion newydd dorri bod Richard Nixon, Tricky Dicky, wedi ymddiswyddo fel Arlywydd America. O fewn ychydig orie, roedd entrepreneur Siop y Pentan, Eirug Wyn, wrthi ar y Maes yn gwerthu crysau-t 'Ta-Ta Nixon' wrth y dwsin.

Erbyn hyn, roedd fflat Glanceri wedi tyfu'n ganolfan i Hergest ac yn lloches i unrhyw gerddor fydde'n digwydd pasio heibio. Yno y cafodd nifer o ganeuon eu sgwennu a'u hymarfer ar gyfer sawl record. Fel heddi, roedd y Borth yn lle tymhorol – braf ond swnllyd yn yr haf gyda llu o ymwelwyr (Saeson gan fwya') a marwaidd o ran pobol a gwyllt o ran tywydd yn y gaea. Roedd dwy dafarn ar stepen y drws, y Victoria gyferbyn a'r Friendship drws nesa, hyn mewn cyfnod lle roedd tafarne Sir Aberteifi ar gau ar y Sul, er nad oedd hynny o anghenraid yn wir i'r ddau le 'ma; dim ond i chi gnocio'r drws yn y ffordd iawn. A gyda'r nos, fe alle pethe fynd ymlaen yn hwyr iawn, yn enwedig yn y Friendship drws nesa, lle bydde'r plismon lleol yn ein diddanu ni gyda'i antics ar y piano (off diwti, wrth gwrs). Ambell waith, bydde fe'n derbyn galwad ffôn y tu ôl i'r bar bod car patrôl ar ei ffordd o Aber. A dyma ddiffodd pob gole, cau ceg a disgwyl nes bod y car yn gneud ei ffordd unig ar hyd prif stryd y Borth, heibio'r dafarn gysglyd a mas i gyfeiriad Ynyslas.

Gadawodd Derec fwlch ar ei ôl wrth fynd am sanwijes, ac wedi cryn drafod rhwng Elgan, Delwyn a finne, penderfynwyd gwahodd Arfon Wyn o grŵp yr Atgyfodiad i ymuno â Hergest. Doedd gen i ddim amheuaeth ynglŷn â gallu Arfon fel cerddor, yn gitarydd, canwr a chyfansoddwr. Ond roedd yna broblem bosib, sef crefydd. Roedd Arfon yn aelod pybyr o'r Eglwys Efengylaidd, a nifer o'i ganeuon yn tystio i hyn – ac roedd enw'r Atgyfodiad wrth gwrs yn ddatganiad clir. Ar ben hyn, roedd Elgan a Delwyn ill dau wedi profi tröedigaeth ysbrydol, a nhw hefyd bellach yn rhan o'r mudiad efengylaidd. Do'n i ddim ar yr un dudalen, ond gyda'r addewid na fydden ni'n troi'n grŵp crefyddol, fe gytunes i y bydde Arfon yn gaffaeliad i ni'n gerddorol. A chware teg, cadwyd at y fargen. Oes, mae 'na ganeuon crefyddol yn y catalog, ond fel rhan o rychwant eang o byncie. A ro'n i'n hapus i unigolion ganu am eu teimlade personol, boed serch, gwleidyddiaeth neu'r ysbrydol, dim ond i ni beidio â chael ein labelu fel grŵp efengylaidd.

Daeth yr amser i recordio unwaith eto. Erbyn hyn, roedd cwmni Sain wedi adeiladu'u stiwdio recordio eu hunen yn Llandwrog, mewn hen feudy ar glos ffarm Gwernafalau, ac wedi penderfynu taw recordiau hir (el-pîs) oedd y dyfodol yn hytrach na'r recordie 4-cân (î-pîs). O ganlyniad, roedd cyfle i bob un ohonon ni gael tair cân ar y record, yn hytrach nag un. Wrth gasglu deunydd at ei gilydd, dewiswyd *Glanceri* fel teitl i'r record, yn null *Abbey Road* y Beatles neu *Music from Big Pink* gan y Band; doedd dim cân eto, na'r bwriad i sgwennu un yn wreiddiol, nes i ysbrydoliaeth ddod o rywle. Falle, cofiwch, taw mater o raid oedd hi: dw i erioed wedi bod yn gyfansoddwr toreithiog, yn wahanol i Delwyn Siôn a Derec Brown er enghraifft. Felly os o'n i am hawlio 'nghanran o ganeuon ar y record newydd, roedd yn rhaid tynnu rhywbeth o rywle. A dyna fu – cân o fawl i fflat.

Falle bod angen esbonio ambell beth ynglŷn â'r geirie – mae Camwy Prys a Meleri Mair yn ddau o blant Elvey McDonald, fy mos a 'nghydweithiwr gyda'r Urdd ar y pryd, a'i wraig Delyth (ymddiheuriade i Geraint Llŷr, y trydydd: ces di dy eni'n rhy hwyr). Ac wedi i'r gân gael ei chwblhau, gyda naws Sbaenaidd i'r trefniant, fe ofynnes i i Elvey a fydde fe'n fodlon trosi'r gytgan, ac fe luniodd e linellau oedd yn ffitio ac yn bwysicach, yn hawdd eu canu. Ma' nhw'n ychwanegiad gwerthfawr.

Ni oedd yr ail i ddefnyddio'r stiwdio newydd (rwy'n credu taw Morus Elfryn oedd y cynta), ac roedd 'na elfen o ddysgu sut oedd y lle'n gweithio ar ran pawb. A ma' hynny'n amlwg (wel, i fi beth bynnag) mewn manne. Ond, at ei gilydd, mae *Glanceri* 'y casgliad' yn cynnwys nifer o'n caneuon gore ni fel grŵp.

Bues i'n byw yng Nglanceri am ychydig dros dair blynedd, gydag eraill yn mynd a dod. Yno y gwnes i ddod i nabod fy hun a dechre tyfu lan (mae'r broses yn parhau), ac mae'r lle'n golygu llawer iawn i fi. Cymaint felly fel i fi weld tua dwy flynedd yn ôl bod y lle, bellach yn dŷ tri llawr, ar werth, a threfnu i gael golwg arno. Wrth reswm, roedd cymaint wedi newid: roedd yr hen siop nawr yn stafell fyw, ac roedd y llorie eraill wedi newid eu siâp a'u pwrpas, hyn oll ar ôl sawl perchennog dros gyfnod o ddeugain mlynedd. Roedd fy Nglanceri i wedi mynd.

Ond yna, wrth i fi adael, digwyddodd un arall o'r pethe rhyfedd yna. Doedd y lle ddim wedi'i glirio'n llwyr a dyma sylwi ar bentwr o recordie hir yn pwyso yn erbyn y wal. Fedra i ddim pasio casgliad o recordie heb gael pip trwyddyn nhw, a dechreues i fodio trwy gasgliad o gyfnod: Supertramp, Leo Sayer, Hogia'r Wyddfa, Paul McCartney, Max Boyce ... ac yna, ie, heb air o gelwydd, Hergest – *Glanceri*. Gwefr lawr 'y nghefen? Pidwch â sôn!

Ugain Mlynedd yn Ôl

Helo, sut wyt ti erbyn hyn?
A dywed im a wellodd clwy' dy galon?
Mae'n wir, mae'r amser wedi mynd
Daeth gwyntoedd cryf i chwalu'r holl obeithion
A gwelaf adeiladau lle bu'r coed
A'r dail yn troi'n gymylau dan fy nhroed

Ugain mlynedd yn ôl
Siaradwyd yn fyrbwyll a ffôl
Ugain mlynedd yn ôl
Ond heno fe gymrwn gam ymlaen

Yn ôl i'r dyddiau lle bu cân
A gwres y dydd yn ddigon i'n diwallu
Heb ofn, heb amau seiliau'n byd
Ond heb wynebu nerth tu hwnt i'n gallu
A chredais wrth it gerdded tua'r ffin
Y peidiai'r eiliad honno yn y gwin

Mi wn fod 'na rwystrau ar y ffordd
Syrthiais innau ar fy hyd
A daeth ysbryd oeraidd tynged eto dros y tir
A theimlais innau fflangell oer ei llid

A nawr, â'th fywyd di ar chwâl
A minnau'n dal i eistedd yma'n dawel
Cawn weld a deimlir ôl y fflam
Neu dim ond olion gwreichion ar yr awel
Rhown heibio'r rhagfuriau fu mor hir
Yn rhwystr i ni weld ein ffordd yn glir

Ugain mlynedd yn ôl
Siaradwyd yn fyrbwyll a ffôl
Ugain mlynedd yn ôl
Ond heno fe gymrwn gam ymlaen

Hergest - Eisteddfod Aberteifi 1976

Wrth sôn am y gân 'Ugain Mlynedd yn Ôl', ry'n ni'n mynd nôl dros ddeugain mlynedd erbyn hyn, i 1976. A dyna i chi flwyddyn oedd honna! Haf tanbaid, Eisteddfod sych Aberteifi a newidiade mawr yn 'y mywyd i.

Mae gwaddol cerddorol Cymraeg '76 yn un sylweddol – ymysg eraill, recordie hir *Syrffio* gan Endaf Emlyn ('Macrall Wedi Ffrio'), *Jiawl!* Heather Jones, *Mae'r Grŵp yn Talu* gan Mynediad am Ddim ('Ceidwad y Goleudy', 'Pappagios', 'Ynys Llanddwyn'), record gynta Geraint Jarman, *Gobaith*

Mawr y Ganrif, campwaith Hefin Elis, *Gorffennwyd*, a *Sneb yn Becso Dam* Edward H Dafis ('Ar y Ffordd', 'Sengl Tragwyddol'), eu record ola cyn iddyn nhw roi'r gore iddi (am y tro cynta). Ac yng nghanol yr haf twym 'na, gyda chymorth arferol John, Charli a Geraint Griff (fel ar *Glanceri*), mentrodd Hergest nôl i Stiwdio Sain yn Llandwrog i recordio record hir arall.

Erbyn hyn, roedd Arfon Wyn wedi symud ymla'n, Derec Brown wedi dychwelyd, a'r weledigaeth wreiddiol yn ei hôl, y stiwdio wedi setlo, a Hefin Elis yn eistedd yn sedd y cynhyrchydd (neu refferî). Y canlyniad oedd *Ffrindiau Bore Oes* – yn fy marn i, ein record orau ni fel grŵp. Dyma gasgliad 'Harbwr Aberteifi', 'Dinas Dinlle', 'Plas y Bryniau' ac 'Ugain Mlynedd yn Ôl'.

Roedd teulu'n byw yn nhŷ Gwernafalau ger y stiwdio, a'r plant yn chware ar y clos ac yn crwydro bob yn hyn a hyn mewn i'r stiwdio, ac fe ddaethon ni'n gyfarwydd â'n gilydd. Un noson braf (hei! haf 1976! canolbwyntiwch!) daeth Ioan a Lois draw a dyma ni'n dechre sgwrs gan holi beth gawson nhw i swper? 'Ym ... sglodion?' 'Ie ...? ','Selsig?' 'Ie.' 'Rhywbeth arall?' 'FFA COCH!' Cam-glywed wnaethon ni wrth gwrs. Ond edrychodd pawb yn syn arnyn nhw am ychydig cyn inni gyd sylweddoli bod gwledd sosej, bîns a tships yn cael ei disgrifio'n wahanol yn y Gogs. (Cyfaddefiad – falle nad '76 oedd hi wedi'r cyfan; buon ni'n recordio yn Ngwernafalau yn ystod hafau braf '77 a '78 hefyd. Ond mae'r stori ei hun yn wir ac yn ffitio'n dwt fan hyn.)

Ac eithrio 'Hei Mistar Urdd', mae'n debyg taw 'Ugain Mlynedd yn ôl' yw'r gân sy wedi denu mwya o sylw dros y blynyddoedd o blith y rheini dwi wedi'u cyfansoddi. Recordiodd Dafydd Dafis fersiwn hyfryd ohoni, a ma' gyda fi gopi o fersiwn deimladwy Caryl Parry Jones, sy' eto i ymddangos ar record, ond rwy'n byw mewn gobeth (cymon Caryl!). A ma'r gytgan yn handi iawn ar gyfer unrhyw raglen deledu neu radio sy'n nodi pen-blwydd rhywbeth sy'n ugain oed. Rwy'n falch ohoni, wrth reswm, ond o ran y geirie, a bod yn hunan-feirniadol, ma' 'na linelle tywyll a gorsgwennu geiriol. Ar y pryd ro'n i wedi bod yn gwrando ar gerddoriaeth Steely Dan, oedd yn ymfalchïo yn eu dull o roi geirie oedd yn swnio'n dda gyda'i gilydd heb boeni'n ormodol am yr ystyr. Roedd hynny'n ddylanwad, mae'n siwr. Ac wrth edrych nôl ar ôl blynydde lawer, ma' modd eu darllen nhw mewn sawl ffordd, sbo – cân serch? Cwmpo mas rhwng ffrindie? Ambell bwynt amgylcheddol? A pheidiwch â gofyn i fi esbonio'r darn yn y canol ('Mi wn ...'). Mae'n siwr bod 'da fi syniad pendant ar y pryd. Ond nawr? Dwi ddim callach na neb arall. A rwy'n un o'r rheini sy'n credu, unwaith ei bod hi mas 'na, bod y gân yn eiddo i bawb, a bod gan unrhyw un yr hawl i'w dadansoddi yn ei ffordd ei hun. Nawr te, odw i'n osgoi esbonio, neu jyst ddim yn cofio?

Yn fy ngwaith bob dydd, roedd steddfod ar ôl steddfod, gyda thair neu bedair ar y gweill ar unrhyw adeg, a Phorthaethwy oedd lleoliad Eisteddfod yr Urdd ym 1976. Yn dilyn trefn y blynydde blaenorol, roedd noson o berfformiade gan artistiaid pop/roc (roedd y byd yn newid) wedi'i threfnu ar ôl i'r cystadlu orffen ar y nos Sadwrn. Fi drefnodd yr artistiaid, a gyda phopeth yn ei le, ac wythnos brysur yn dod i ben, es i am bryd o fwyd cwpwl o filltiroedd o'r maes. Camgymeriad. Pan ddes i nôl, roedd pethe wedi mynd yn flêr. Dwi ddim yn cofio pwy arall oedd yn canu'r noson honno ond y prif grŵp oedd Edward H Dafis, yn eu hanterth. Wnes i, na neb arall, ragweld beth oedd am ddigwydd y noson honno, ond falle ddylen ni fod wedi gneud ...

Ar ddechre'r noson, roedd pawb yn eu seddi. Ond yn fuan iawn ddaeth hi'n amlwg bod y seddi plastig unffurf yn y ffordd, gan fod pobol ishe dawnsio neu o leia neidio lan a lawr a gweiddi. Ac i neud pethe'n waeth, roedd arddangosfa hynod hardd o flode wedi'u gosod ar flaen y llwyfan, oedd yn darged rhwydd i'r rheini oedd ishe joio a gadel iddi fynd. Ymunodd rhai â'u harwyr cerddorol ar y llwyfan tra bod eraill mwy anturus (a llai sobor, mae'n siwr) wedi dringo'r polion oedd yn cynnal y babell i weld yn well gan beryglu'u hunain a phawb arall. Collodd y stiwardiaid reolaeth ar y sefyllfa, a chriw o bwyllgorwyr mewn siwts yn trio cynnal rhyw fath o drefn eisteddfodol wyneb yn wyneb â ieuenctid mewn hwyl. Mae'n debyg bod un swyddog wedi gweiddi ar Dewi Pws i'w wyneb, 'Ry'ch chi'n oedolyn! Mae gynnoch chi gyfrifoldeb!' (roedd e'n amlwg wedi dewis y boi rong ...). Roedd rhywun arall am dorri'r cyflenwad trydan, sef y peth mwya twp a alle ddigwydd. Ond yn raddol fe wnaeth pawb gallio, a gyda help y band llwyddwyd i dawelu pethe ac osgoi cyflafan. Ddysgon ni wers, ac yn y blynydde dilynol drefnon ni nosweithie roc ar y Sadwrn cyn y steddfod, yn annibynnol ar weithgaredde'r maes.

Ond digwyddiad pwysica'r flwyddyn i fi oedd 'y mhriodas i â Siân yn niwedd Hydref. Nawr, mae pob priodas yn golygu tipyn o waith trefnu a goresgyn probleme amrywiol, bach a mawr. Ond fy unig broblem i, os cofia i'n iawn, oedd pwy i'w ddewis fel gwas priodas. Bydde gofyn i un o fois Hergest yn brifo teimlade'r lleill. Ond nhw oedd fy ffrindie agosa i, y rhestr fer, felly bu yna dipyn o grafu pen, nes i fi sylweddoli bod yr ateb yn syml. Fel dw'i wedi awgrymu'n barod, roedd John Griffiths wedi dod yn dipyn o fêt, ers inni gwrdd adeg record gynta Hergest. Er taw trwy Delwyn y daeth e aton ni (roedd Nest, chwaer John, yn yr ysgol 'da Delwyn), fi a fe oedd wedi datblygu'r cysylltiad agosa. Fe, er gwell neu er gwaeth, berswadiodd fi nad oedd y ddiod gadarn yn ddrwg i gyd. Ro'n ni'n mwynhau'r un math o gerddoriaeth ac yn cyd-dynnu'n arbennig o dda. Ac er ei fod e, fel Charli Britton, ynghlwm wrth grŵp Edward H Dafis (a, nes ymlaen, Injaroc), roedd e hefyd yn aelod answyddogol o Hergest, yn y stiwdio ac yn achlysurol ar lwyfan, yn barod iawn ei gyfraniad – a'i farn. Y ddelwedd, fel pob cerddor ar y bas, oedd y dyn tawel yn y cefn. Ond credwch fi, doedd dim byd tawel yn perthyn i John, yn enwedig yn y cyfnod dan sylw. Felly, sortiwyd. John oedd 'y ngwas priodas i, a seliodd hynny'n perthynas agos ni oedd i bara nes i ni ei golli e yn 2018.

Ro'n i'n dal i fyw yn Glanceri, lle'r oedd tipyn o fynd a dod wedi digwydd dros y blynydde. Erbyn hyn, ro'n i a Siân yn rhannu gyda Sbardun Huws a'i gariad Gwenno; cychwyn perthynas arall fyddai'n tyfu'n gyfoethocach wrth i'r blynydde fynd heibio. Ond, wrth edrych tua'r dyfodol, roedd hi'n bryd chwilio am gartre i ni'n dau. Ac fe gododd y posibilrwydd o brynu tŷ ar stad newydd ym mhentre Penrhyncoch, ger Aberystwyth. Dechreuon ni neud y syms a roedd pethe'n dynn. Ro'n i'n ennill cyflog gweddol gyda'r Urdd ond roedd Siân yn byw ar grant myfyriwr ymchwil. Chware teg i reolwr cymdeithas adeiladu yn Aber, fe benderfynodd e gynnwys y grant fel incwm (heddi, bydde'r cyfrifiadur yn dweud 'na'). Ond ro'n ni'n dal yn brin. Ewyrth Siân, ei hannwyl Wncwl Ken, roddodd swm sylweddol i ni fel anrheg priodas a gneud y peth yn bosib.

Ac wrth i ni symud o Glanceri i Faesyrefail, ychydig cyn Nadolig 1976, cyhoeddodd Elgan Ffylip, y dyn ysgogodd fi i gyfansoddi yn y lle cynta, ei fod e am roi'r gore iddi a gadael Hergest. I'r rheini sy'n hoff o fân fanylion bywyd, alla i ddweud wrthoch chi'n union ble'r o'n ni pan ddwedodd e wrtha'i – roedd e'n fy helpu i i osod bord top gwydr yng nghornel fach bwyta'r tŷ newydd. Symudodd e'i egni creadigol at sgwennu llyfrau, gan gyhoeddi toreth o nofelau a chyfrole eraill dros y degawde nesa. Ond yn gerddorol, iddo fe a gweddill y Ffrindiau Bore Oes, roedd hi'n ddiwedd cyfnod.

Plentyn y Pridd
(Alaw Derec Brown, geiriau Derec a fi)

Blentyn y Pridd rwyt ti'n dal yn rhydd
I ganu dy gân imi heno
Cloffodd dy draed wedi oeri'r gwaed
Ym machlud olaf dy haul
Wyt ti'n hapus ac yn fodlon dy fyd
Neu wyt ti'n chwilio am ateb o hyd?
Blentyn y Pridd rwyt ti'n dal yn rhydd
I ganu dy gân imi heno

Cofio'r dyddiau fu yn ôl yn y dechrau
Ti a gyneuodd y fflam
Haul haf ar lannau'r dŵr – dy gân yn fy nghlustiau
O, roedd ein hysbryd ar dân

Trwy'r holl flynyddoedd hir, y wefr a'r diflastod
Cedwaist dy freuddwyd yn fyw
Daeth dyddiau clod a bri – rhyw fath o enwogrwydd
Ond roedd 'na rywbeth o'i le

A nawr mae'r tannau'n fud – diflannodd y freuddwyd
Cymrodd rhywbeth ei le
Fe dynnaist dithau'r llen, enciliaist i'r esgyll
A gadael adlais dy gân
Dim ond adlais dy gân

Yr Hergest 'trydanol' gyda Gareth a Rhys

Trip awyren Mynediad am Ddim i Lydaw 1979

Unwaith eto roedd colli aelod o'r grŵp yn cynnig her. Y tro 'ma, fe edrychon ni o'r newydd ar beth allai Hergest fod. Ro'n ni wedi bod yn trafod ers tro am gael rhywun ar y bas a'r drymie (yn achos Derec, ers y diwrnod cynta un) gan nad oedd John a Charli wastad ar gael i ni. Pan gyhoeddodd Edward H eu bod nhw'n rhoi'r gore iddi, ro'n i'n gweld cyfle ... nes sylweddoli bod 'na gynllun i greu grŵp newydd, sef Injaroc, gyda Caryl a Sioned o Sidan, Endaf Emlyn, Geraint Griffiths a mwyafrif Edward H.

Roedd dyddie'r grwpie acwstig yn dod i ben (ac eithrio'n grwpie gwerin) a dawnsfeydd yn disodli'r nosweithie llawen. Hyd yn hyn, ro'n ni wedi llwyddo i droedio'r ddau fyd. Ond daeth yr amser i wneud penderfyniad. Fel roedd hi'n digwydd, ro'n i wedi cael gwahoddiad i drefnu band ar gyfer cynhyrchiad teithiol blynyddol Cwmni Theatr Ieuenctid yr Urdd, ac wedi tynnu Delwyn ar y piano, Tudur Morgan (gitâr), Rhys Dyrfal Ifans (bas) a Gareth Thomas (drymie) at ei gilydd. Roedd Rhys a Gareth yn aelode o ddau grŵp eisoes (Josgin a Madog i chi archifwyr). Ac roedd 'da fi deimlad y bydden nhw'n ffit perffaith i Hergest, a bydde'r cynhyrchiad yn ffordd o asesu hynny. Oherwydd pwyse gwaith eisteddfodol, fe ofynnes i i Delwyn gymryd drosodd a fe wnaeth e waith rhagorol. Ac ar ddiwedd y daith, fe ofynnon ni i Rhys a Gareth ymuno â ni fel aelode llawn, a fe gytunon nhw.

Fe ddewison ni'n dda, gan ennill dau offerynnwr oedd, fel bonws, yn digwydd bod yn gantorion arbennig o dda. Ac ar lefel bersonol wnaeth pethe asio'n rhwydd o'r dechre. (Mae llwyddiant unrhyw grŵp yn dibynnu ar gytcord cerddorol a phersonol; dyw un heb y llall byth yn mynd i bara'n hir.) Fe fu 'na lot fawr o chwerthin a thynnu coes a Gareth, o bosib, ga'dd hi waetha. Gyda'i fop o wallt sylweddol, un rhan hanfodol o'i offer oedd brwsh gwallt, mor angenrheidiol â'i symbals a'i ffyn, hyd y gallen ni weld, wrth ei weld e'n paratoi. Ac roedd Rhys, fel mae e o hyd, yn meddu ar hiwmor sych. Yn ystod un ymarfer, gyda dim ond un meicroffon ar gyfer pwy bynnag oedd yn canu'r alaw, daethon ni i ddiwedd cân ddigon swnllyd a Derec wrth y meic yn cwyno: 'Bois, wi'n ffili clywed 'yn hunan yn canu, ma'r drymie mor uchel'. Gareth: 'Peidiwch â 'meio i; y drymie, ma' nhw'n ddrymie swnllyd.' Rhys, yn y gornel, yn tynnu'n ara' ar ei ffag: 'Mm, ma' nhw'n dawel nawr.'

O fewn misoedd roedd y grŵp ar ei newydd wedd yn y stiwdio. A gan ein bod ni wedi colli cyfansoddwr a heb ychwanegu un arall, roedd mwy o bwyse ar y lleill i gynnig caneuon. Ro'n i'n mynd trwy gyfnod eitha hesb, yr awen wedi mynd ar wylie. Ond roedd gan Derec, yn ôl ei arfer, bentwr o ganeuon ar eu hanner, a rhwng y ddau ohonon ni fel gwplon ni dair ar gyfer record *Hirddydd Haf*, gan gynnwys 'Plentyn y Pridd'. Roedd Derec wedi cwblhau'r alaw ac wedi dechre'r geirie, neu'r cwpled cynta o leia – 'Blentyn y Pridd, rwyt ti'n dal yn rhydd i ganu dy gân i mi heno.' Rhoddodd hynny gyfeiriad i fi, a llwyddes i sgwennu gweddill y geirie, rheini'n felys-chwerw. Ac o gofio'r stori hyd yn hyn, does dim angen athrylith i ddyfalu pwy yw gwrthrych y gân.

Ychydig dros ddeunaw mis y parodd y grŵp pum aelod cyn i saga Hergest ddod i ben. Ond mae'n teimlo'n hwy, achos lwyddon ni i gynhyrchu dwy record hir (*Amser Cau* oedd yr ola) a theithio'n rheolaidd ledled Cymru. Yr uchafbwynt i fi mae'n siwr oedd CRANI, sef 'Cae Ras ar Nos Iau', yn Eisteddfod Wrecsam ym 1977 – torf anferth, a'r cyfle i allu brolio am flynydde 'mod i wedi bod mewn grŵp berfformiodd mewn stadiwm. Ond roedd ein hamser ni'n dod i ben. Roedd pawb ar wasgar bellach gyda swyddi newydd, sawl priodas arall ar y ffordd ac, yn gerddorol, ysfa i dorri cwys newydd, ond nid o anghenraid yr un gŵys. Aeth Delwyn ati i ffurfio grŵp roc Omega gyda chriw o Wynedd, aeth Derec ymlaen i ffurfio'r Racaracwyr yng Nghaerdydd a phrofodd Rhys a Gareth lwyddiant pellach hefyd gyda Bando.

Fi? Daeth cais gan Mynediad am Ddim i lenwi bwlch. Ro'n i wedi gneud hynny unwaith neu ddwy cyn hyn. Ond nawr roedd angen rhywun dros dro am chwe mis neu rywbeth tebyg tra bod un o'r aelode, Pete, yn astudio yn Ffrainc. Gymrodd hi ddeugain mlynedd i fi sylweddoli bod 'dros dro' yn gallu bod yn amser hir. Dechreuodd 'y nghyfnod i gyda Mynediad ar y top – taith i Lydaw ar gyfer gŵyl y tu fas i Brest. Ma'r stori wedi'i hadrodd droeon ond mae'n haeddu'i lle fan hyn. Roedd y grŵp eisoes wedi teithio Llydaw ddwywaith ac yn amlwg wedi creu argraff, achos y tro 'ma roedd 'na ffi digon sylweddol i allu fforddio llogi awyren i fynd draw am un noson i berfformio. Roedd chwech ohonon ni, ynghyd â'r peilot, i hedfan o Gaerdydd fore Sadwrn, cyrraedd erbyn amser cinio, canu yn y nos a nôl erbyn amser cinio ddydd Sul. Aeth y perfformiad yn wych, y croeso'n anhygoel – ambell beth arall aeth o le.

Yn gynta roedd Emyr Wyn wedi gofyn i Dewi Llwyd (ie, Y Dewi Llwyd), cyn gyd-fyfyriwr yn Aber â gradd mewn Ffrangeg a Sbaeneg, lunio cyflwyniade Ffrangeg ar gyfer pob cân. Ro'n nhw wedi'u teipio'n daclus. Ond, wrth edrych nôl, peth annoeth oedd gosod y pentwr papure ar un o adenydd yr awyren tra'n tynnu cwpwl o lunie grŵp oherwydd – odych, ry'ch wedi'i weld e'n dod – wrth i'r awyren adael daear Caerdydd, trodd y sgript anghofiedig yn gonffeti A4. O ganlyniad, gan taw cyfuniad o ganeuon serch a baledi'r môr oedd (ac yw) crynswth *repertoire* Mynediad am Ddim, fel hyn y cyflwynodd Emyr fwyafrif y caneuon: 'Et maintenant, une chanson d'amour' neu 'Et maintenant, une chanson de la mer'. Cywir ond braidd yn ailadroddus.

Yn ail, penderfynodd ein peilot, Derek, y bydde fe, yn hytrach na mynd i'w westy a chymryd hoe, yn dod gyda ni i weld beth oedd yr holl ffŷs. Digon teg am gyfnod byr, ond pan sylweddolon ni am dri y bore bod Derek yn dal gyda ni ac yn ... hapus iawn ... roedd achos i ni boeni. Wrth gwrs, y gwir oedd na wnaethon ni feddwl rhyw lawer am y peth oherwydd ein bod ni mor ... hapus ... â fe. Ddaeth y bore, wedi ychydig iawn o gwsg, a nôl â ni i Gymru fach, rhai'n fwy sigledig na'i gilydd. A daeth Derek y peilot meddw yn rhan o chwedloniaeth Mynediad am Ddim.

Tua'r un adeg, bues i'n perfformio fel deuawd gyda Ray Gravell o bawb, yn sgîl ein recordiad o 'Fi a Mistar Urdd a'r Crysau Coch'. A hefyd, wedi cyfnod byr gyda Delwyn yn Omega, fe gychwynnes i grŵp y Newyddion, sef fi, Derec a thri o fyfyrwyr Aber, Siôn Wyn, Dominic Griffiths a Rhys Powys. Ces i'n ysbrydoli i sgwennu toreth o ganeuon newydd ar gyfer y grŵp. Ac er mai ond blwyddyn baron ni, a bod mwyafrif y caneuon hynny eto i'w recordio, roedd hi'n gyfnod hapus iawn. Mae'n biti na wnaethon ni fwy oherwydd pylu wnaeth y Newyddion yn hytrach na gorffen, gyda'r aelode eto'n mynd ar chwâl yn ddaearyddol a neb (a fi'n arbennig oedd ar fai) â'r egni angenrheidiol i gadw pethe i fynd. Ond bois, o'ch chi'n grêt!

Setlodd Siân a fi'n rhwydd iawn ym Mhenrhyncoch, gan barhau'r arferiad o fyw tu fas i'r dre, arferiad ry'n ni wedi cadw ato fe hyd heddi. Wedi gorffen ei doethuriaeth derbyniodd Siân swydd yn Adran Gemeg y Brifysgol, yn cyfuno darlithio a gwaith ymchwil, a newidies inne swydd gyda'r Urdd. Swydd newydd sbon oedd hi, wedi'i noddi gan gwmni Kaiser, perchnogion Alwminiwm Môn, diolch i John Elfed Jones, pennaeth y cwmni Cymreig ac un o garedigion yr Urdd. Ro'n i'n chwilio am her newydd ac, os dwi'n onest, wedi blino bod yn ddirprwy, er cystal 'y mherthynas i ag Elvey. Ond wedi cael swydd Trefnydd Iaith (a rwy'n dal i ame os wnaethon nhw'r dewis iawn), ddaeth hi'n amlwg nad oedd gan neb ryw lawer o syniad beth yn union oedd y dyletswydde. Bues i'n brysur iawn yn creu swydd o ddim byd, gan gymryd cyfrifoldeb dros gyrsiau iaith y gwersylloedd. Ond er i fi dderbyn cefnogaeth anhygoel gan athrawon fu mor barod i arwain a hyfforddi, ro'n i'n teimlo bod mwy o bosibiliade i'r swydd. Ac rwy'n cofio'r cyfnod fel un o rwystredigaeth. A dwi'n beio neb arall – ar ddiwedd y dydd, fy methiant i oedd e.

Ar gychwyn un o'r cyrsie iaith yn Llangrannog (y cwrs lle ddaeth yr eira mawr, fel mae'n digwydd), fe dderbynies i alwad ffôn gan Ronw Protheroe, ffrind o Gaerfyrddin oedd bellach yn gynhyrchydd gyda HTV, yn gofyn a oedd gen i ddiddordeb mewn cyflwyno cwis i blant. Roedd hyn yn annisgwyl a dweud y lleia, a dwi ddim yn gwbod beth ddaeth drosta i, ond fe ddwedes 'oes'. O ganlyniad, wedi rhaglen brawf a gyda chaniatâd yr Urdd, recordion ni 26 o raglenni i gyd, yng Nghaerdydd a'r Wyddgrug, ac roedd sôn am bosibiliade pellach, mwy parhaol, gyda'r cwmni. Unwaith eto, ro'n i'n chwilio am rywbeth newydd, wedi tair blynedd mewn swydd annelwig. Ond ro'n i'n ame ai cyflwyno o flaen camera oedd y cam iawn i fi, petai cynnig arall yn dod; er inni gael tipyn o hwyl yn recordio *Ar ei Ôl*, wnes i erioed deimlo'n hollol gyfforddus – actio cyflwynydd wnes i.

Ond daeth ateb ac achubiaeth, eto o gyfeiriad cwbwl annisgwyl. Un pnawn yn Swyddfa'r Urdd, dderbynies i alwad ffôn arall, y tro hwn gan Lyn T Jones, pennaeth Radio Cymru yn Abertawe. Ro'n i wedi cwrdd ag e unwaith trwy Grav, ond do'n ni ddim yn nabod ein gilydd fwy na hynny. Gosododd e'i gwestiwn mewn ffordd fydde'n ddealladwy i fab y Mans – 'Wyt ti'n symudol?'

Cân y Cap

Ro'n i'n chwaraewr rygbi, un digon deche 'sbo
A mi ges fy ngalw'n arwr lleol am rhyw dro
Roedd 'na lot o siarad y cawn i gap cyn hir
Ond mae'n amlwg bellach na ddaw'r freuddwyd honno'n wir

Do, fe golles i fy nghyfle i roi 'mhentre ar y map
Erbyn hyn rw' i'n rhy hen i gael fy nghap

Nawr dwi ddim yn poeni am fod yn ffit neu iach
A mae'r bola a'r coese wedi llacio tipyn bach
Welwch chi mohono i'n golffo ar y lincs
Yr unig gêm wy'n whare nawr yw darts neu diddlywinks

Do, fe golles i fy nghyfle i roi 'mhentre ar y map
Erbyn hyn rw' i'n rhy hen i gael fy nghap

Roedd agwedd y dewiswyr wir yn ergyd drom
Ond mi wn be' wna' i er mwyn lleddfu maint fy siom
Dwi ddim yn un am bwdu, wna i ddim dal dig
Af i hel fy ffortiwn fel chwaraewr 'rugby league'

Do, fe golles i fy nghyfle i roi 'mhentre ar y map
Erbyn hyn rw' i'n rhy hen i gael fy nghap

Mae'r rheini sy'n fy nabod i'n gwbod yn dda nad 'wi'n foi chwaraeon. Beth ddigwyddodd? Ro'dd 'y nhad yn bêl-droediwr brwd (gyda chlwy ar ei glun i brofi'r peth ar hyd ei oes) â chariad tuag at y gamp honno. A chriced yn ogystal. Dilynodd 'y mrawd Emyr yr un diddordeb, gan whare'n rheolaidd a dilyn gyrfa fel

A beth dwi fod i 'neud â hwn? Yr ysfa chwaraeon ar waith, 1955

sylwebydd a chynhyrchydd pêl-droed. Ma' 'da fi wraig a mab sy'n ddeiliaid tocynne tymor i'r Swans ac yn dilyn tîm Cymru gyda'r un arddeliad. Ond rywsut, dw i ddim yn rhannu'r un diddordeb. Wrth gwrs, rwy'n dymuno pob llwyddiant i dime lleol a chenedlaethol, ond o ran eistedd am awr a hanner mewn stadiwm anghyfforddus ... na.

Rygbi? Bydda i'n dilyn pencampwriaeth y chwe gwlad (ar y teledu) ac yn dod yn agos at ddeall y rheolau jyst fel ma' nhw'n cael eu newid unwaith 'to. Criced a golff? Fel gwylio paent yn sychu. Fformiwla Un? Rownd a rownd a rownd a rownd ... Tennis? Ar y lefel ucha, y grand slams, fe alla i gael 'y nhynnu fewn, ac rwy'n dal i hiraethu am gyfnod Borg, McEnroe, Ashe, Connors, King, Evert, Goolagong, Navratilova ... hyd yn oed Nastase ...

Alla i ddim esbonio'r peth. Rwy'n sylweddoli 'i fod e'n fy ngwneud i'n berson diffygiol yng ngolwg rhai (ok, lot).

Ai 'mhrofiade cynnar i sy'n gyfrifol? Dorres i 'mraich wrth drio balanso ar bêl pan o'n i tua wyth mlwydd oed, a ro'n i'n diodde'n wael o asthma pan yn grwt yn Llanymddyfri. Fe wnaeth hynny gyfyngu ar 'y ngallu athletaidd i (mae'r aflwydd yna'n dal i hofran o bryd i'w gilydd. Ac er nad ydw i erioed wedi diodde'n ddifrifol, ma'r pwmp yn gydymaith cyson, rhag ofn.) Cystal cyfadde hefyd nad o'n i'n dda mewn unrhyw gamp; yn anobeithiol gyda phêl ac yn lletchwith gyda bat yn 'yn llaw, a dw i ddim yn un sy'n lico colli. I berson cystadleuol fel fi, mae unrhyw un sy'n honni taw cymryd rhan sy'n bwysig yn dweud celwydd. Ond na, nid dyna'r rhesyme chwaith. Rwy wedi dod i'r casgliad 'mod i wedi 'ngeni heb y genyn chwaraeon, a dyna fe.

Ymlaen at gyfnod ysgol uwchradd. Roedd Dinefwr yng nghanol Abertawe, gyda chlos concrit a dim gwelltyn o wair yn agos i'r lle. Felly, ar gyfer gwersi chwaraeon roedd yn rhaid dal bws i feysydd chwarae Townhill. Trafnidiaeth gyhoeddus yn hytrach na bysus ysgol oedd y drefn yn Abertawe bryd hynny. Bydden ni i gyd yn cael tocyn tymor i deithio'n rhad ac am ddim ar gerbyde South Wales Transport, a dyna sut fydden ni'n mynd bob dydd nôl a blaen i'r ysgol a chyrraedd y caeau chware erbyn dau ar bnawne Mercher, heb oruchwyliaeth o gwbwl. Gwendid y cynllun o safbwynt yr ysgol oedd bod modd teithio yno, cofrestru, neidio dros y wal agosa' a dala'r bws nesa nôl i'r dre. A gyda'r flwyddyn gyfan, cant a hanner o fechgyn, yn ymgynnull bob tro, pwy fydde'n sylwi bod rhai'n diflannu?

Roedd yna gampfa yn yr ysgol, oedd yn cynnig her wahanol. Wrth lwc, o'm safbwynt an-athletaidd i, daeth athro newydd i'r ysgol – Adrian Davies, neu Êdw, o Gwmgors – i ddysgu addysg gorfforol a rhywfaint o

Gymraeg. Fel pob athro ifanc, newydd orffen ei gwrs hyfforddi, roedd e'n frwdfrydig ac am weld y brwdfrydedd hwnnw'n cael ei adlewyrchu yn ei ddisgyblion. Er na ddwedwyd unrhyw beth erioed, fe ddaethon ni i ddeall ein gilydd – os nad o'n i ishe bod yn y gampfa, doedd e ddim ishe 'ngweld i 'na chwaith. Ac yn ddigon hapus i beidio sylwi 'mod i'n gyson o ran absenoldeb. Rwy' wedi cwrdd ag Êdw sawl gwaith ers dyddie ysgol, ac mae'n siwr nad yw e'n cofio, a dy'n ni byth wedi trafod y peth. Ond dyna, gyfeillion, pam nad ydw i wedi gweld campfa ers tua Fform Tŵ.

Fi, felly, yw'r person amlwg i sgwennu tair cân am rygbi. Wynne Mel (ie, fe 'to) sy'n gyfrifol am y gynta. Wedi llwyddiant cymeriad Mr Urdd a'r gân ddaeth yn ei sgîl, penderfynodd Wynne y bydde'n syniad datblygu'r cymeriad o un ar bapur i un cig a gwaed. Fel rhan o'r lansiad, roedd angen record arall, a dwy gân, a whare teg i Wynne, ges i'r 'comisiwn'. Canwr y gynta, sef 'Dyma fi, Mistar Urdd' oedd yr actor ga'dd y job o chwysu mewn siwt afiach a theithio Cymru fel y cymeriad trilliw, sef Mici Plwm. Ond i fi, yr ail gân oedd fwya llwyddiannus. Roedd Ray Gravell ar frig y byd rygbi ac wedi rhoi'i enw i sawl ymgyrch ar ran yr Urdd, ac yn enwog am ei hoffter o ganu caneuon Dafydd Iwan i'w gyd-chwaraewyr yn Llanelli a'r tîm cenedlaethol hyd at syrffed. Felly dyma Wynne yn gofyn i fi sgwennu cân i Grav ei chanu.

Cwmpes i mewn i'r un trap â phawb arall a difrïo gallu chwaraewr rygbi i allu canu. Ond es i ati a llunio cân syml arall yn null canu gwlad i Grav, sef 'Y Fi a Mistar Urdd a'r Crysau Coch'. Ddaethon ni i nabod ein gilydd wrth ymarfer y gân, a theithio gyda'n gilydd i stiwdio Sain i recordio. Cawson ni wahoddiad i ginio ar y ffordd yn nhŷ ei arwr mawr, D.I., a dyna oedd atgof Ray o'r daith – dim ots am y recordio, ond oedd e wedi profi 'tato newydd Dafydd Iwan' ac wrth reswm ro'n nhw'n well nag unrhyw dato fu erio'd.

Ddaeth y cawr o ganolwr a'r philistiad chwaraeon yn dipyn o ffrindie wedi hyn, a buon ni'n mynd o gwmpas i ganu gyda'n set fer o gân Mr Urdd ynghyd ag ambell gân werin, stwff y Tebot Piws ac wrth gwrs detholiad o ganeuon Dafydd Iwan. Ond nid pawb oedd yn hapus â chytgan 'Y Fi a Mistar Urdd':

Roedd Llywelyn a Glyndŵr yn fois reit enwog
Ro'n nhw'n arwyr digon difyr yn eu ffyrdd
Ond o bawb ar draws y byd
Fy newis i o hyd
Fel arwr penna'r wlad yw Mistar Urdd

Un noson, ga'dd Grav lond pen gan griw o fois yn eu hwylie yn dweud ei bod hi'n warthus ei fod e'n canu cân oedd yn diraddio dau o'n harwyr cenedlaethol ni. Roedd beth oedd i fod yn gân ysgafn, tafod-yn-y-boch wedi troi'n rhywbeth arall iddyn nhw, ond fe ypsetiodd e Ray (cenedlatholwr a boi hynod sensitif) a chymrodd hi dipyn o berswâd i'w gael e i ganu'r gân ar ôl hynny.

Adeg canmlwyddiant Undeb Rygbi Cymru wedyn, cyhoeddodd cwmni Sain record hir i ddathlu'r achlysur oedd yn cynnwys pytie o sylwebu, canu antheme gan y dorf, ambell gerdd a dwy gân newydd, un gan Dafydd Iwan a daeth cais i lunio cân arall i Grav ei chanu. Ma' cyfansoddi cân i rywun arall, wrth reswm, yn broses wahanol i sgwennu ar eich cyfer eich hunan, ond erbyn hyn ro'n i wedi dod i nabod Ray'n well ac yn gallu sgwennu'n nes at ei gymeriad e. Wedi dweud hynny, i radde helaeth, fersiwn newydd o 'Fi a Mistar Urdd' yw 'Gêm y bêl', yn gerddorol ac o ran thema, ond rwy'n eitha balch o ambell bennill:

Ond peidied neb â chredu 'mod i'n cwyno
Wrth orwedd ar fy hyd mewn baw a llaid
Mae 'nghalon wrthi'n llamu mewn gorfoledd
A rygbi'n llifo'n gynnes yn fy ngwaed

Dim ond Grav alle fod wedi canu honna. A, fel ddysges i, roedd y boi **yn** gallu canu, ac aethon ni mlaen i recordio record hir i gwmni Fflach yn nes mlaen sy' bellach wedi'i chyhoeddi ar CD. Mae'n biti nad oes mwy wedi gwrando arni hi, achos ma' personolieth Ray'n dod trwodd yn glir.

Ond doedd 'da Ray ddim i'w wneud â'r drydedd, sef 'Cân y Cap', sy'n adrodd stori sy'n hollol groes i'w lwyddiant e'. Er, wedi meddwl, mae 'na gysylltiad. Trwy'n anturiaethe cerddorol ni fel deuawd y cwrddes i gynta â Lyn Jones, gysylltodd yn nes mlaen i awgrymu y dylwn i wneud cais ar gyfer swydd cynhyrchydd radio gyda Radio Cymru yn Abertawe. Ac ar gyfer un o raglenni Lyn y sgwennwyd 'Cân y Cap'.

Esboniad byr – wedi'r alwad ffôn gan Lyn, penderfynes i wneud cais, gan fynd trwy broses drylwyr y Bîb (yn cynnwys arwyddo'r 'Official Secrets Act'! Rwy'n tybio nad yw hynny'n ofynnol bellach). Ces i'r swydd a dechre ar gyfnod difyr a hir fel cynhyrchydd radio. Tîm bach oedd un Radio Cymru yn Abertawe a bydden ni'n gweithio ar raglenni'n gilydd. Sefydlodd Lyn y gyfres ddychan *Crafu'r Gwaelod*, cyfuniad o sgetsus a chaneuon gyda'r actorion Sharon Morgan a Iestyn Garlick a band, sef Gwyndaf Roberts a fi. Ymhlith y sgriptwyr roedd Norman Williams a'r ddau frawd ac archdderwyddon Jim a John Gwilym Jones, ac roedd pawb wrth law'n cyfrannu deunydd (crafog, gobeithio) ar byncie'r dydd. Ar wahân i gyfeilio i'r caneuon, oedd yn cyrraedd o ddwylo sawl cyfrannwr, fel arfer yn awgrymu alaw boblogaidd (rhaid ohonyn nhw'n her), bydden i'n amal yn sgwennu caneuon gwreiddiol fy hun gydag alawon digon generic, ac yn amal yn defnyddio'r un alaw ar gyfer sawl cân. (Trodd 'Mae'n anodd bod yn astronôt yng Nghymru' yn 'Mae'n anodd bod yn dwrci ym mis Rhagfyr', er enghraifft.)

Yng nghanol yr wythdege, roedd Rygbi'r Undeb yn dal yn gamp amatur, a nifer o oreuon Cymru'n cael eu denu at gyfoeth Rygbi'r Gynghrair – pwnc llosg iawn ar y pryd. Dw'i ddim yn cofio pwy oedd y chwaraewr drodd tua'r Gogledd yr wthnos arbennig 'ma (roedd 'na gymaint ohonyn nhw am sbel), ond dyna darddiad 'Cân y Cap'.

Fel rheol bydde'r caneuon 'ma'n cael eu hanghofio erbyn yr wthnos ganlynol. Ond ca'dd hon ail wynt, oherwydd yn yr un cyfnod, roedd cyfres deledu *Noson Lawen* ar ei phrifiant a Mynediad am Ddim yn cael gwahoddiad yn weddol aml i ymddangos arni. Erbyn hyn, wrth gwrs, roedd prif gyfansoddwr y grŵp, Emyr Huws Jones, wedi gadael gan adael catalog cyfoethog o ganeuon ar ei ôl. Ond roedd teledu'n chwilio am ddeunydd newydd, hwyliog, ochr yn ochr â'r clasuron. Doedd neb arall yn y grŵp yn cyfansoddi, felly dyma droi ata i, y newydd-ddyfodiad. Ond do'n i ddim wedi sgwennu rhyw lawer ers diwedd Hergest a'r Newyddion, yn sicr dim byd oedd yn siwtio Mynediad, oni bai ...

Sylweddoles i'n sydyn bod modd addasu rhai o ganeuon *Crafu'r Gwaelod*, yn enwedig y rheini oedd ddim wedi'u clymu'n ormodol wrth stori a dyddiad penodol. Ailwampiwyd 'Astronôt' a chân am bolisi rhyfel oer y Torïaid, 'Yn Ein Byncar Bach ni', a recordiwyd y ddwy fel fideos ar gyfer *Noson Lawen* (gyda'r grŵp wedi'u gwisgo fel cymeriade *Star Trek* yn y naill ac fel *squaddies* milwrol yn y llall. Ma' nhw'n fideos erchyll sy'n embaras i ni i gyd, ond hyd yn hyn, dy'n nhw ddim wedi cyrraedd YouTube, a hir y parhaed felly!

Doedd dim angen rhyw lawer o addasu ar 'Gân y Cap'. Roedd hon, yn fwy na'r un, yn berffaith ar gyfer Emyr Wyn i'w chanu, fel cyn-chwaraewr ifanc disglair (bachwr) fu ar y fainc i dîm Ysgolion Uwchradd Cymru ond heb gael cap. Ac mae'r gân yn dal yn rhan o'r set heddi. Mae'r llinell ola, 'Af i hel fy ffortiwn fel chwaraewr *rugby league*' wedi dyddio wrth gwrs wrth i arian lifo i gêm broffesiynol yr Undeb. Ac mae wedi'i newid sawl gwaith, ond heb odli hanner cystal. Gwahoddir awgrymiade.

Dylan a John

Ma' na Wyddel bach ar goll yn Nolgellau
A'i gyfeillion 'di diflannu ar chwâl
Mae e a fi 'di bod yn siarad drwy'r prynhawn
A mwynhau'r difyrrwch sy ar ga'l
Mae 'di meddwi chydig bach ar y Guinness
Mae 'di meddwi tipyn mwy ar y gân
A petae ti Dylan yma heddi gyda ni
Wy'n siwr y byddech chi'n dod mla'n

Aeth y brifwyl yn ei hôl at y Ddyfrdwy
A fe gofies John amdanon ni'n dau
Yn canu hen emynau ar y sgwâr yn y Fflint
Ar ôl i'r holl dafarnau gau
Ma' na lun ohonon ni gyda'n gilydd
Fi mewn paisley, ti â siaced fawr ddu
A wy'n jiawlio bod y cyfle ola wedi mynd
I rwdlan am y dyddie fu

Ma' hi'n noson lawog yma 'Nghwm Tawe
A ma'r gwynt yn pwno'r ffenest yn flin
Wy'n pendroni'n ddigyfeiriad wrth i'r diwrnod ffoi
Wedi agor potel fawr o win
A wy'n meddwl am y pethe pwysica
Gyda diolch am ga'l nabod pob ffrind
A fe goda'i wydryn arall heno gyda gwên
I gyfeillion da sy wedi mynd

Nos da Dylan, nos da John
Ma'r gân ma'n crwydro rhwng y lleddf a'r llon
Am ddau ar goll ar hyd y ffordd
Sy'n dal yn fyw i fi

Dylan a John

Dim ond dau gyflogwr llawn-amser ges i erioed – yr Urdd a'r BBC. Treulies i ugain mlynedd rhwng popeth gyda'r ail, er ma' geirie Lyn Jones wrth i fi ddechre 'nghyfnod yn Abertawe yn dal i atseinio: 'Cofia nawr, so ti'n gwitho i'r BBC. Ti'n gwitho i Radio Cymru'. A felna fu hi am flynyddoedd, dan olygyddiaeth Meirion Edwards a Lyn ei hun; roedd Radio Cymru ar wahân rywsut i'r BBC fawr, ac Abertawe'n fwy o greadur maferic fyth. Gymrodd hi flynyddoedd i'r gorfforaeth orfodi'r brand 'BBC Radio Cymru' arnon ni – rwy'n gwingo bob tro rwy'n ei glywed e.

Mae pawb sy'n byw trwy gyfnod o greadigrwydd yn credu bod hwnnw'n 'oes aur', a bod pethe nawr ddim cystal ag y buon nhw bryd hynny. A dw i ddim gwahanol. Rwy'n ame a fydde unrhyw gyflwynydd heddi'n cael dechre rhaglen (hyd yn oed yn hwyr y nos, fel yn yr achos hwn) fel y g'nath Gary Slaymaker: 'Nosweth dda ac O Ffani! ... Sori, ddechreua i 'to... Nosweth Dda ac off â ni!'

Ac un o rinwedde radio (yn wahanol i deledu) yw bod

modd cael syniad, a darlledu ffrwyth y syniad mewn hanner awr. Un atgof hoff yw rhyw fore Sadwrn adeg pencampwriaeth rygbi'r pum gwlad (fel oedd hi bryd hynny) pan o'n i'n cynhyrchu rhaglen o'r enw *Bambŵ*, sef lot fawr o recordie roc a phop, comedi, dwli ac ati. Wna i ddim hawlio'r syniad, ond benderfynon ni (Kevin Davies y cyflwynydd a'r tîm cynhyrchu a sain) greu'r argraff ein bod ni'n darlledu'n fyw o drên rhwng Abertawe a Chaerdydd ar ein ffordd i'r gêm fawr. Ro'dd y rhaglen yn dair awr o hyd, ond wrth gwrs doedd taith debyg ar y trên ond yn cymryd awr. Felly, ar ben yr effeithie sain angenrheidiol, fe ddyfeision ni resyme dros oedi – rhywbeth ar y lein yng Nghastell-nedd, 'points failure' tua Port Talbot, trên arall wedi torri lawr tu fas i Ben-y-bont ac ati. Ac wedi 'cyrraedd Caerdydd', gymrodd hi dros hanner awr i Kev deithio o'r trên i'r stadiwm, oherwydd y dorf enfawr (mwy o effeithie sain). Llwyddon ni i dwyllo pawb, falle'n rhy dda oherwydd hanner awr wedi dechre'r rhaglen, canodd y ffôn wrth f'ymyl i. Meirion, y bos, oedd yno, ishe gwbod pwy ddiawl roddodd ganiatâd i fi drefnu darllediad allanol drud fel hyn! A, whare teg, chwerthin wnaeth e pan sylweddolodd e taw jôc oedd y cyfan.

Gyda Hergest a'r Newyddion y tu ôl i fi, a'n rôl i gyda Mynediad am Ddim yn un cyfeilydd, gyfansoddes i fawr ddim o ran caneuon yn ystod y cyfnod yn Abertawe, ac eithrio 'pastiches' *Crafu'r Gwaelod* ac ambell gân i Grav. Roedd 'na reswm arall dros y segurdod hefyd – pan ges i'r swydd yn Abertawe, y dybiaeth oedd y byddwn i'n gweithio ar *Stondin Sulwyn* (Thomas). Ond erbyn i fi gyrraedd, roedd Eurof Williams, cynhyrchydd *Sosban* wedi gadael am HTV, felly pwy oedd yn mynd i fynd i'r afael â rhaglenni pop/roc/ieuenctid Abertawe? O ie, y boi newydd oedd wedi bod mewn grwpie! Ar un olwg, roedd hyn yn gneud synnwyr i bawb, ond roedd e'n golygu 'mod i'n gweithio ar nos Wener a dydd Sadwrn, oedd yn ei gwneud hi'n anodd os nad amhosib i berfformio ar benwythnose. Felly doedd dim pwynt mewn dechre grŵp newydd a sgwennu caneuon ar ei gyfer. Hefyd, ro'n i'n (rhy?) ymwybodol o'r gwrthdaro posib wrth ddewis recordie ar gyfer *Sosban* a rhaglenni tebyg. Ces fy meirniadu o dro i dro am wrthod ambell grŵp ar gyfer gneud sesiwn (adlais o lythyre cwyn yr Urdd) ac am ffafrio fy ffrindie yn y maes. Ond rwy'n grediniol 'mod i wedi gneud pob ymdrech i fod yn broffesiynol ac, yn bwysicach, yn deg. A wna'i herio unrhyw un i ddyfalu pa artistiaid oedd fy ffefrynne personol i yn y cyfnod. Os ga'dd rhywun gam, catalog Hergest oedd hwnnw. Ac os oes tystiolaeth 'mod i wedi cynnwys un o 'nghaneuon i mewn rhaglen erioed, fydden i'n synnu.

Ond ces i 'modloni'n greadigol mewn cyfrwng newydd nad o'n i erioed wedi'i ystyried, un oedd yn digwydd bod yn berffeth i fi. Mae 'na ugain mlynedd o storïe, ond falle nad fan hyn yw'r lle i'w hadrodd nhw. A dwi ddim am restru'n faith y llu o bobol hynod greadigol ac annwyl y ces i'r fraint o gydweithio â nhw. Does dim digon o dudalenne i fanylu arnyn nhw i gyd, ac rwy'n siwr o anghofio rhywun pwysig (i fi). Ry'ch chi'n gwbod pwy y'ch chi, a gobeithio yn gwbod cymaint rwy'n gwerthfawrogi'n hanes ni.

Ac mae 'na eraill wna'i ddim eu henwi am resyme gwahanol. Dyw bywyd byth yn fêl i gyd.

Ond enwau dau gydweithiwr o ddyddie Radio Cymru

yw 'Dylan a John', cân o deyrnged i ddau hynod ddisglair. Dau athrylith yn eu maes, dau ffrind a dau gollon ni'n llawer, llawer rhy gynnar. Daeth Dylan Morris aton ni yn Abertawe wedi cyfnod llewyrchus yn academia Coleg y Brifysgol Aberystwyth i gynhyrchu rhaglen materion cyfoes *Stondin Sulwyn*. Ac wedi cwpwl o symudiade gyrfaol, ddaeth e nôl aton ni yn y nawdege cynnar. Does dim dwywaith taw fe oedd y cynhyrchydd gorau welodd y Stondin erioed, gyda'i frwdfrydedd a'i feddwl dadansoddol craff, er na gredech chi hynny o weld ei flerwch wrth weithio. Ac nid anorac gwleidyddol mohono fe chwaith. Roedd ei ddiddordebe'n eang, yn gefnogwr brwd o Manchester United a thîm criced Morgannwg ac yn dwlu ar gerddoriaeth werin, yn enwedig os oedd e'n hanu o Iwerddon. Roedd Sesiwn Fawr Dolgellau a Gŵyl y Cnapan yn *fixtures* ar galendr Morris. Roedd e wedi bod trwy sawl cyfnod anodd yn ei fywyd – boddwyd ei dad, John, prifathro ysgol gynradd, wrth achub rhai o'i ddisgyblion o'r môr, a chollodd Dylan blentyn, Liam, yn faban. Ond yn Abertawe, fe gafodd gyfnod hapus a dod o hyd i'r cymar perffaith, Catrin, i gadw trefn arno fe (neu o leia trio), a daethon ni'n ffrindie yn fwy na chydweithwyr yn y cyfnod 'ma.

Yn ystod ail sbel Dylan yn Abertawe, daeth newid byd i ni, griw Radio Cymru. Dyma gyfnod 'producer choice', enw anaddas os bu un erioed, a dechre oes y Cyfrifydd o fewn y BBC. Dros nos bron, roedd disgwyl i gynhyrchwyr nawr gadw llyfre ariannol, lawr i'r pensil ola, a threulio orie lawer ar fanion cyllidebol ar draul anorfod llunio rhaglenni. Nawr, doedd dim byd yn newydd yn y syniad o weithio o fewn cyllideb, ond roedd hyn yn mynd dros ben llestri. A gyda'r newidiade hyn, daeth newid personél – collodd nifer eu swyddi yn enw ailstrwythuro, a daeth golygydd newydd i gymryd yr awene yn Radio Cymru, gyda syniade gwahanol. Trodd y 'gwasanaeth' yn 'orsaf', gyda phwyslais ar gyflwynwyr slic, lot mwy o recordie, Saesneg neu Gymraeg, ar draul rhaglenni llai 'poblogaidd'/mwy swmpus. Daeth 'brandio' yn air pwysig a'r 'BBC' yn y 'BBC Radio Cymru' bellach yn orfodol.

Un o'r rhaglenni ga'dd ei heffeithio gyda'r newidiade oedd y *Stondin*. Daeth y gair oddi uchod i rannu'r rhaglen yn bytie byr gydol y bore, yn hytrach nag un rhaglen o drafodaeth fanwl, rhywbeth nad oedd wrth fodd Dylan fel cynhyrchydd. Er hynny fe fwriodd iddi gyda'i broffesiynoldeb arferol. Ond ynghanol hyn i gyd, aeth e'n sâl – cancr. Fe wynebodd y peth yn ddewr yn ei ddull hawddgar ei hunan, ond doedd dim gwella i fod. Fe fu e farw yn fuan wedi'i ben-blwydd yn ddeugain oed.

Roedd colli Dylan yn brofiad ofnadwy wrth gwrs i Catrin ac i'w fam, Cissie, un o'r menywod cryfa i fi ei nabod erioed, a theimles inne'r peth i'r byw hefyd. Ro'n i wedi diodde profedigaeth cyn hyn wrth gwrs, ond teulu'n perthyn i genhedlaeth hŷn oedd y rheini at ei gilydd. Dylan oedd y cynta o blith 'y nghyfoedion, y cynta o'm ffrindie, i farw. Ac roedd hynny'n brofiad llawer mwy ysgytwol a phersonol.

Y 'John' yn y gân yw John Owen Hughes, ddes i i'w nabod gynta yn Eisteddfod y Fflint ym 1969, y ddau ohonon ni'n rhyw un ar bymtheg oed. Dros y blynyddoedd bydden ni'n dod ar draws ein gilydd, yn amlach na pheidio mewn protest Cymdeithas yr Iaith. Daeth ynte i weithio fel cynhyrchydd i Radio Cymru yng Nghaerdydd. Ac er bod ein diddordebau, ac o ganlyniad ein rhaglenni ni, yn wahanol i'w gilydd, ro'n ni'n rhannu'r un weledigaeth am Radio Cymru. Pan ddaeth y newid mewn pwyslais, a math John o raglen yn cael ei ddibrisio, penderfynodd e chwilio am rywle arall, a chael lloches yn Amgueddfa Werin Sain Ffagan. Llên Gwerin wrth gwrs oedd diléit John, a'i olygyddiaeth o gylchgrawn *Llafar Gwlad* yn orchestol. Sioc anferth oedd ei farwolaeth sydyn ynte, heb gyrraedd ei hanner cant, pum mlynedd wedi Dylan.

Yn fuan wedi marw Dylan, daeth ad-drefnu pellach i weithwyr Radio Cymru. Chwalwyd timau cynhyrchu Radio Cymru, wrth i'r staff gael eu rhannu ymhlith adrannau newydd deu-gyfrwng a dwyieithog teledu a radio. Bellach ro'n i'n gweithio i Adran Adloniant BBC Cymru ac yn cael 'y ngalw i gyfarfodydd i drafod cynigion ar gyfer cyfresi teledu yn y ddwy iaith, ond gan amla yn Saesneg. Ar yr un pryd, roedd hi'n gyfnod o wasgfa ariannol ar y Bîb, a daeth hi'n amlwg bod cynllun, na – cynllwyn, i gau Abertawe, i arbed arian, er bod yr adeilad yn cael ei rhentu am geiniog a dime gan gyngor y ddinas. Felly arbedion ar bapur yn unig fydden nhw. Cynhaliwyd cyfarfodydd heb yn wybod i ni a dwedwyd celwydd wrtha i sawl gwaith ynglŷn â'r dyfodol. Yn y pen draw, daeth y newyddion bod y staff cynhyrchu'n cael eu hail-leoli neu'n cael cynnig tâl diswyddo (sef ffordd y BBC o ddweud bod y lle'n cau). Gadael wnaeth y mwyafrif, ond derbynies i gynnig i symud swyddfa i Gaerdydd gyda chyfrifoldeb dros bolisi cerddorol Radio Cymru a Radio Wales. Cyfnod addysgiadol o'dd hwn, lle ddysges i lawer mwy am hawlfraint a breindaliadau. Treulies i bum mlynedd yno'n gneud hynny, cyn i'r cyfle ddod i ymddeol yn gynnar. A

John Griffiths, Geraint Griffiths â fi – Y Gwehyddion 2005

ffactor bwysig yn y penderfyniad hwnnw oedd marwolaethau cynnar 'y nhad, Dylan a John. Roedd cyrraedd yr hanner cant yn fuddugoliaeth seicolegol i fi, ac rwy'n gwerthfawrogi pob blwyddyn sy'n mynd heibio.

Cyfnod diflas ar bob lefel felly. Ond daeth rhywfaint o oleuni pan dderbynies i alwad ffôn gan fy hen gyfaill Geraint Griffiths yn fy ngwahodd i i fod yn rhan o driawd acwstig gydag e a Myfyr Isaac ar gyfer cwpwl o raglenni teledu. Datblygodd hyn wedyn yn driawd mwy sefydlog, 'Geraint Griffiths a'r Gwehyddion', sef GG, fi a John Griffiths barodd am ryw wyth mlynedd. Roedd Geraint bellach yn cyhoeddi CDs ar ei liwt ei hun, gan eu recordio mewn stiwdio fechan yn ei dŷ, a bydden i'n cael gwahoddiade cyson i wrando ar ei gynnyrch diweddara.

Yn sgîl hyn, dechreuodd Ger bwyso arna'i i recordio rhywbeth. Roedd 'da fi un gân oedd wedi bod yn hofran ers sbel, gyda'r bwriad o'i chynnig hi i rywun arall. Felly aethon ni ati i'w recordio. Yna, 'cer i sgwennu rhywbeth arall', yna 'un arall'. Ac o dipyn i beth agorwyd y tap rhydlyd, deffrowyd yr awen a dechreuodd y caneuon ddod. Mae 'niolch i i Geraint am 'y ngwthio i ailafael ynddi o ddifri'n aruthrol.

Un o'r caneuon cynta gydag anogaeth GG oedd 'Dylan a John', ddeng mlynedd ar ôl colli Dylan a phump ar ôl John. A dwi ddim yn meddwl y gallwn i fod wedi'i sgwennu hi'n gynt. Mae pawb, hyd y gwela i, yn delio â phrofedigaeth yn wahanol. Ac mae'n cymryd amser i fi dderbyn, er 'mod i'n gwbod yn iawn, bod rhywun wedi mynd. Mae 'na fannau gwan yn y gân, ond fedren i ddim mynd ati i bori'n ormodol dros bob llinell neu mae'n siwr y bydden i wedi'i rhoi hi yn y bin. Daeth y cyfan, mwy neu lai fel y mae, mewn un, ac o'r bola. Un gair fues i'n poeni yn ei gylch oedd 'llon'; does dim byd llon am golli rhywun. Ond ro'n i am ddathlu'r ddau yn ogystal â hiraethu amdanyn nhw.

Mae colli ffrindie wedi gneud i fi drysori a gwerthfawrogi'r rheini sydd ar ôl hyd yn oed yn fwy. Yn ystod y blynyddoedd dwetha rwy wedi colli dau o'm ffrindie agosaf oll, sef Alun 'Sbardun' Huws a John Griffiths. A bydda i'n meddwl yn gyson am sgwennu teyrnged i'r·ddau. Ond eto mae'n rhy fuan – fydden i ddim yn gwbod ble i ddechre. Y ddau yma, ynghyd ag Emyr Huws Jones, sefydlodd beth ry'n ni'n ei alw'n Glwb Cinio'r M4, criw o hen rocyrs Cymraeg – Cleif Harpwood, Myfyr Isaac, Derec Brown, Endaf Emlyn, Ems a fi sydd ar ôl bellach. Byddwn ni'n cwrdd yn fisol rhywle rhwng Abertawe a Chaerdydd am ginio canol dydd. Mae pawb yn ei dro'n gyfrifol am drefnu, a nid pob pryd sy'n taro deuddeg. Ond ein harwyddair ni, a mae'n cael ei ddweud yn amal, yw: 'Sdim ots am y lleoliad – y gwmnïeth sy'n bwysig'.

Paradwys Gudd

Ro'dd 'na bwrpas i godi mor gynnar yn y bore
A phawb arall yn dal i freuddwydio'n eu gw'lau
Dyma'r adeg weli di'r lle ma ar ei ore
Cymer ana'l, eistedd yn ôl a mwynhau
Awr fach o heddwch i brofi'r tawelwch
Ymhell o brysurdeb bob dydd
Cyfle i'r meddwl roi trefn ar y cwbwl
A'r enaid ga'l rhedeg yn rhydd

Paradwys gudd – dihangfa i mi
Filltiroedd ar draws y dŵr
Paradwys gudd – a beth am iti
Ddod ata'i i fyd di-stŵr
Paradwys gudd

Ma' na bobol parod eu croeso a'u cymwynas
Pawb yn rhannu gwên sy'n agored a gwir
A rwy'n teimlo gwres y gwmnïeth sy o nghwmpas
Hen gyfeillion – o, mae wedi bod yn rhy hir
Sgwrsio a chwerthin a'r teimlad o berthyn
Yn fyw ac mor gryf ag erio'd
A phob un eiliad yn porthi'r ymdeimlad
Mai yma dw i isie bod

A gyda'r nosweithie mae'r hwyl yn parhau
Mae rhywun yn clatsio gitâr
Ac ogle'r canhwyllau yn gymysg i gyd
A mwg melys ambell sigâr

Heulwen a fi'n mwynhau brecwast yn Terque – am deras!

'Dihangfa i mi, filltiroedd ar draws y dŵr'. Ro'n i'n chwech ar hugain oed yn cael 'y mhasbort cynta, a hynny er mwyn mynd ar daith 'Derek y peilot meddw' gyda Mynediad am Ddim. Fel crwtyn, gwylie teuluol gyda pherthnase oedd yr arfer, yna Pantyfedwen yn y Borth a Phendein cyn mentro croesi'r môr ... Sir Fôn, Gwlad yr Ha' ac Ynys Manaw. Ces i gyfle i fynd i Oberammergau ym 1970 gyda llond bws o'r capel. Ond gwrthod wnes i – a chael gitâr newydd, gwelliant ar yr un gynta £6, o'r arian wnes i arbed i'r teulu, whare teg. Felly, doedd gwylie tramor ddim yn rhan o 'nghefndir cynnar i.

Bydden i wedi codi un yn gynt, adeg ein priodas ni, achos y cynllun gwreiddiol oedd mynd i Efrog Newydd ar ein mis mêl, sef y lle rhata i'w gyrraedd yn America ar y pryd, diolch i Freddie Laker (cofio fe?). Ond daeth y cyfle i brynu'n tŷ cynta, gymrodd bob ceiniog oedd 'da ni, a cheinioge eraill o'n cwmpas ni o ran hynny. Felly dyna ddiwedd ar y syniad 'na. Ond bedair blynedd yn ddiweddarach, ro'n ni wedi arbed digon i fynd i ochor arall America, i Galiffornia, sef y freuddwyd ers blynyddoedd – Hollywood, cartre'r Beach Boys, y Byrds a Crosby, Stills, Nash & Young.

A dyma lle mae Dulais Rhys yn cyrraedd y stori. Mae Dulais yn adnabyddus fel cerddor, a'i ddiddordeb, os nad obsesiwn, gyda Joseph Parry'n chwedlonol. Ond ro'n i'n ei nabod ers ein harddege, yn gyd-swogs yng Ngwersyll Llangrannog, lle gyfansoddon ni gân 'O le mae'r dodo'n dod o?' gydag ail bennill yn cychwyn 'I ble mae'r emu'n mynd i?' Ddyle hi ddim bod yn destun syndod nad yw honna ar gof a chadw (wel, gobeithio!). Adeg ein taith i Galiffornia, Dulais oedd yr unig berson ro'n i'n nabod oedd yn gyfarwydd â'r lle, wedi iddo fe dreulio blwyddyn yn America, eto'n olrhain hanes Joseph Parry ar gyfer gradd ymchwil yn Boston, a threulio cyfnod yn San Francisco fel rhan o gwrs haf Cymraeg. Dyma droi ato fe am gyngor, felly, a chawson ni sawl 'tip' gwerthfawr, a chais hefyd – roedd e wedi gadael siaced ar ôl yn fflat rhyw ferch oedd e wedi cwrdd â hi ar y cwrs. Allen ni ...?

Stori hir yn fyr – roedd cariad newydd Dulais, Leigh, yn rhannu fflat yn San Francisco gyda'i ffrind Patti. Blwyddyn ar ôl ein hymweliad cynta, ro'n ni nôl ac yn aros yn y fflat, cyn i Leigh ddod draw i Gymru i fod gyda Dulais a dechre dysgu Cymraeg. Ddeunaw mis yn ddiweddarach, roedd priodas y ddau yn San Francisco, a chriw ohonon ni Gymry wedi cael gwahoddiad, ac yn cael croeso a llety gydag amrywiaeth o ffrindie a theulu. A dyma drobwynt os bu 'na un erioed: cafodd Siân a finne wely gyda rhieni'r fflatmêt, Patti a chael ein mabwysiadu gan y Lathrops a'r Littmans, teulu agored a phobol go iawn.

Mae bron yn ddeugain mlynedd ers ein taith gynta ni i San Francisco, ac mae'r berthynas glòs rhyngon ni fel teulu â Patti, ei chwaer Kathy a'i brawd Steve wedi tyfu ar hyd y blynyddoedd. Bu eu rhieni, Wendell a Nancy, yn hynod garedig i ni. Ac un atgof clir yw pan ddaeth Patti a Nancy draw i Gymru, a Nancy a Mam, dwy gyn-athrawes plant bach yn trafod a chyfnewid profiade'n eiddgar, er o gefndiroedd hollol wahanol. Mae Chris, mab Kathy a'r diweddar Guy, dyn annwyl iawn, a'n mab ni Rhys yr un oed ac wedi nabod ei gilydd ers yn bedair. A bellach mae Rhys yn teithio draw ar ei liwt ei hun i aros gyda'n ffrindie. O'r cychwyn, y ddefod gynta wedi cyrraedd 16th Avenue, bloc o barc y Golden Gate, yw derbyn allwedd y drws. Er mor bell yw'r daith o Gymru, a gall cwpwl o flynyddoedd fynd heibio rhwng ymweliade, mae tŷ Patti a'r teulu'n gartre dros dro i ni'n gyson. Ry'n ni'n cyfeirio at ein gilydd fel cefndryd ar draws y dŵr.

Does gan Patti a'i theulu ddim cysylltiade Cymreig ar wahân i ni a Dulais a Leigh (ymsefydlodd yng Nghaerfyrddin am ddegawde gan fagu tri o fechgyn cyn symud nôl i America, i Montana, lle mae Dulais yn dal i hybu gwaith Joseph Parry!). Ond mae'r diddordeb yno, a'r awydd i ddysgu mwy amdanon ni a'n gwlad. Dyw hynny ddim yn wir am bob Americanwr wrth gwrs, ac mae'n hawdd cyffredinoli un ffordd neu'r llall, ond ry'n ni hefyd wedi dysgu llawer am sut mae Americanwyr, o sawl ochor, yn gweld y byd a'u gwlad nhw'u hunen o ran hynny. A na, wnaeth neb ry'n ni'n eu nabod bleidleisio dros Trump!

Ac un stori gerddorol wrth basio – ar ein noson gynta ni erioed yn ardal San Francisco, aethon ni i weld grŵp y Doobie Brothers (enw mawr ar y pryd) mewn stadiwm anferth, yn eistedd bron â bod yn y to. Yno hefyd roedd grŵp newydd o'r enw Huey Lewis and the News (dyfodd i fod yn un o brif grwpie'r 80au). Geirie ola Huey bob nos oedd 'I'm Huey Lewis and you just heard the news!'. Wedi dychwelyd i Gymru a ffurfio grŵp newydd, penderfynes i ar 'Y Newyddion' fel enw a bydden i'n dechre bob noson gyda 'Nosweth dda – dyma'r Newyddion!'. Gall ysbrydoliaeth ddod o rywle. Diolch Huey.

Paradwys gudd arall wrth gwrs yw ynys Bute, cartre teulu Siân yn yr Alban. Falle bod paradwys yn air rhy gryf, ond mae'n lloches dawel yng nghwmni criw bywiog a chroesawgar, gyda golwg wahanol eto ar y byd. Ac mae 'na gysylltiade agos rhwng ein dwy wlad wrth gwrs: yn ddiweddar pan ddaeth y cefndryd Fraser a Sandra ar ymweliad, fe ofynnon nhw am gael mynd ar daith bws ar hyd strydoedd Caerdydd. A dyma'n hatgoffa ni taw trydydd Marcwis Bute oedd yn gyfrifol am gyfoeth cynnar y ddinas. Fe wnaeth adfer ac ailgynllunio Castell Caerdydd yn ogystal â Chastell Coch; ar ôl plasty'r teulu yn yr Alban yr enwyd Sgwâr Mount Stuart. A'i fab, Ninian, yn hytrach na'r sant, roddodd enw i'r parc a'r stadiwm. Ac mae nifer o strydoedd y ddinas wedi'u henwi ar ôl lleoliade Albanaidd, gan gynnwys ardal gyfan Trebiwt wrth gwrs. Roedd ein tywysydd ar dop y bws wrthi'n disgrifio hyn oll pan ofynnodd e tybed a oedd rhywun o'r Alban yn bresennol? Cododd Fraser ei law, a phan ofynnwyd iddo fe o ble yn union, atebodd e 'Bute' gyda gwên fawr ar ei wyneb. Edrychodd y boi arno fe'n anghrediniol a dyna ddiwedd y sgwrs; rwy'n tybio'i fod e'n meddwl bod rhywun yn tynnu coes achos fe anwybyddodd ni am weddill y siwrne.

Dihangfa arall bellach yw pentre bach Terque yn ne Sbaen, lle mae fy nghyn-bennaeth a'm mentor darlledu, Lyn Jones, a'i wraig Heulwen yn treulio cyfran o'u hamser bob blwyddyn mewn ogof. Ond nid ogof gyffredin mohoni! Er mai yng nghrombil y graig y mae'r stafelloedd gwely, mae 'na ffenestri a drws solet yn y blaen. Ac oes, mae yna gegin, cawod, trydan, teledu lloeren a chysylltiad rhyngrwyd. Hyn oll mewn twll yn y bryn. Mae'r pentre ei hun yn gysglyd o dawel (ar wahân i gyfnod ffiesta, pan fydd y lle'n fwrlwm o gerddoriaeth, dawnsio a thân gwyllt diddiwedd). Eglwys, banc, cwpwl o siope bach a dau far ac, ar wahân i ambell ex-pat, fawr ddim Saesneg. Ers degawd mae Lyn a Heulwen wedi'n gwahodd ni atyn nhw a'n sbwylio ni'n rhacs. Dyw glan y môr ddim yn bell, ond ar y teras bach tu fas i'r ogof y byddwn ni'n treulio'r orie gan fwya. Ar ôl ein hymweliad cynta ni, dwedodd Siân: 'Wyt ti'n sylweddoli'n bod ni wedi gneud dim byd am bedwar diwrnod ond istedd, siarad, yfed a byta?' Swnio'n ddelfrydol i fi.

Y rhain, ymysg eraill, a rhywfaint o ddychymyg, oedd ysbrydoliaeth y gân 'Paradwys Gudd', un arall o'r caneuon recordiwyd dan oruchwyliaeth Geraint Griffiths. A fe sy'n gyfrifol am y cwpled am y sigâr, sydd â dim oll i'w wneud â nheithie i. Mae GG hefyd yn mwynhau teithio, ac mae smocio ambell sigâr yn un o'i ddiléits e, boed bant neu adre. Felly ychwaneges i hwnna fel teyrnged fach iddo fe. Mae'n gyson ag ysbryd y gân.

Mae 'na lefydd eraill ers hynny sydd wedi tyfu'n

ffefrynne, fel y pentre bach yn Tenerife, yn ddigon pell o goncrit erchyll Playa de las Americas, lle does dim modd datblygu'n bellach oherwydd y tirwedd. Yno mae'r un bobol wedi bod yn cynnal yr un bwytai ers blynyddoedd. Wna i ddim enwi'r pentre, neu bydd pawb ishe mynd 'na.

A beth sy'n clymu'r holl lefydd hyn at ei gilydd, yn ogystal â lleoliade gwych, a chyfle i fwynhau haul yng nghanol gaea yn aml, yw'r bobol, boed gyd-deithwyr neu frodorion. Mae'n braf ymweld â llefydd newydd wrth gwrs ac osgoi mynd i rigol. Ond pobol, yn anad dim, yw'r rheswm penna, i fi beth bynnag, dros ddychwelyd dro ar ôl tro i'r un lle, a theimlo'n gartrefol yn rhywle sy'n bell o adre.

Cyw melyn ola

Tri o'r gloch y bore, rwy'n crwydro'r llofftydd
    a ma' cwsg yn gwrthod dod
Siân yn cysgu'n dawel ar goll mewn breuddwyd –
    rwy'n gadael iddi fod
A ma' 'na atsain mwy nag arfer i'w glywed heno
    wrth droedio'r llorie pren
A'r drws â'r arwydd 'Preifat', yn groes i'r arfer,
    ar agor led y pen

Pan fydd y cyw melyn ola' 'di gadael y nyth
Ma'r cyfan yn newid, mae'n newid yn syth
Do's dim byd fel ro'dd e, ma' popeth o chwith
Pan fydd y cyw melyn ola' wedi gadael y nyth

Glanio yn y gegin i weithio paned –
    mae'n union fel y bedd
Sinc yn wag o lestri, pob dim yn daclus –
    ma'r lle 'di newid gwedd
Dim ogle' chips a curry na bocsys pizza
    gydag un darn bach ar ôl
A neb 'di bod yn yfed yn syth o'r botel
    a heb 'i rhoi hi nôl

Tacsi'n canu grwndi wrth basio heibio
    ar 'i ffordd i bendraw'r stryd
Plentyn rhywun arall sy'n barod bellach
    i fentro mas i'r byd
Ond er cymaint y blynydde o greu cynllunie
    a'r holl ymbaratoi
Ma' diwrnod annibyniaeth a thorri'r cwlwm
    yn cyrraedd lot rhy glou

Rhys a fi'n ystyried deuawd 1984

Daeth galwad ffôn Dafydd Roberts o gwmni Sain yn 2009 fel tipyn o sioc. Oedd gan Mynediad am Ddim ddiddordeb mewn recordio CD newydd? Nawr rhaid cofio nad oedd Mynediad wedi cyhoeddi record hir ers dros ddeng mlynedd ar hugain, cyn fy nghyfnod i, ac ond wedi recordio llond llaw o ganeuon newydd i'w rhoi ar gasgliade ers hynny. Oedd hyn yn syniad da? Roedd y band yn dal yn brysur yn cynnal nosweithie digon llwyddiannus, ond y 'clasuron' oedd yn denu pobol, nid unrhyw addewid am rywbeth newydd. A bydde unrhyw ddeunydd newydd yn siwr o gael ei gymharu â chaneuon cyfarwydd y gorffennol (mae hyn yn rhywbeth y mae'n rhaid i unrhyw ganwr, grŵp neu gyfansoddwr ei dderbyn o ddilyn gyrfa hir – y gystadleuaeth fwya yw'r fersiwn iau ohonoch chi'ch hunan).

O ystyried hynny, ces i'n synnu rhywfaint gan

Mynediad am Ddim: Eisteddfod Llanelli 2014 uchod,
a Llandudoch 2018 isod

frwdfrydedd y grŵp, pawb yn awyddus i fwrw iddi. Gwahoddwyd Geraint Cynan i weithio ar drefniannau lleisiol, ac aeth e a fi'n gyfrifol am gyd-gynhyrchu'r record. Y dasg gynta, wrth reswm, oedd hela deunydd o fewn a thu fas i'r grŵp, gan droi at gyfoedion fel Dewi Pws, Delwyn Siôn a Myrddin ap Dafydd, gyfieithodd ddwy gân werinol Americanaidd. Dros y blynydde, ro'n i, y boi newydd 'dros dro' wedi cael mwy o gyfrifoldeb o fewn Mynediad. Derbyn a threfnu gwahoddiade, llunio 'setlist' a chyfansoddi a chynnig ambell gân gan bobol eraill oedd yn siwtio'r grŵp, er mwyn cadw'r perfformiade rhag mynd yn ailadroddus. A gan bod neb arall o fewn y grŵp yn cyfansoddi, disgynnodd y baich arna i i radde helaeth, os baich hefyd. Oherwydd yn dilyn 'y mhrofiad yn recordio'r CD unigol gyda Geraint Griff, roedd y caneuon yn dal i ddod yn eitha rhwydd. Derbyniwyd pedair ar gyfer CD newydd Mynediad am Ddim gydag un ohonyn nhw'n rhoi teitl i'r casgliad, sef *Hen hen bryd* (mmm...). Wrth baratoi cyn mynd i'r stiwdio, treuliodd Geraint C a finne gryn amser yn castio'r prif leisie, gydag Emyr Wyn yn arwain rhai, Robin Evans ambell un arall a chwpwl ar y cyd. Doedd dim amheuaeth taw Robin ddyle ganu 'Cyw melyn ola' a mae ei berfformiad e'n arbennig.

Mae'r gân yn esbonio'i hun, ac yn rywbeth y gall unrhyw rieni sy' wedi gweld eu plant yn gadel cartre uniaethu ag e', fydden i'n meddwl. Yn achos Siân a finne, un cyw oedd 'na, sef Rhys, a roedd ei weld e'n gadel y nyth i fynd i'r coleg yn brofiad digon trawmatig. Doedd e ddim yn mynd yn bell, ac i le oedd yn gyfarwydd i ni'n dau, sef Aberystwyth. Ond ges i bwl afreolus o lefen ar y ffordd adre wedi'i ollwng e ar y Sadwrn hwnnw.

Fues i'n ddigon ffodus o fod yn gweithio ar ddyddie Sadwrn a Sul pan oedd Rhys yn fach, oedd yn golygu'n bod ni yng nghwmni'n gilydd ar ddyddie Llun a Mawrth. Pan fydde'r tywydd yn caniatáu, bydden ni'n mynd am dro, treulio awren mewn lle chware, hedfan barcud yn y parc ac o bryd i'w gilydd yn cael cinio yn y Wimpy yn Abertawe. Mae'n amlwg ein bod ni wedi mynd yno'n rhy amal oherwydd daeth rhai o'r merched oedd yn gweini'n gyfarwydd â ni, a gneud ffỳs mawr o'r crwtyn bach gwallt gole. Un ohonyn nhw oedd Mandy oedd bob amser yn barod ei gwên ac yn gneud pwynt o dreulio munud neu ddau gyda Rhys. Does dim diwedd hapus i'r stori. Aeth blynyddoedd heibio, a bron i fi anghofio am Mandy nes gweld ei llun hi ar flaen y papur lleol a phob bwletin newyddion, wedi iddi hi, ei phlant a'i mam gael eu llofruddio yn y ffordd mwya erchyll – llofruddiaethau Clydach, achos sy'n dal i rannu'r gymuned wedi carcharu'r llofrudd honedig, ond gan adael cymaint o amheuon a gosbwyd y dyn cywir.

Mae'n gwestiwn oesol a yw plentyn yn dilyn anian y tad neu'r fam, ond yn achos Rhys, does dim dwywaith ei fod e'n dilyn y ddau. Mae'n rhannu diddordeb mawr ei fam ym myd pêl-droed (gweler hanes 'Cân y Cap' am fy agwedd i) a'i dad ym myd cerddoriaeth a chomics. Dyw e ddim wedi dilyn yr ochor berfformio neu gyfansoddi a ma'r gitâr yn dal mewn cyflwr arbennig o dda ac yn saff o olwg llwch yn y ces. Ond mae e'n gymaint o wrandäwr brwd â fi, a ry'n ni'n rhannu hoffter o'r un math o ganu at ei gilydd, yn enwedig os oes lot o gitâr a lleisie Americanaidd. Fe, nid fi, fynnodd ein bod ni'n mynd i weld Bob Dylan a'r Who yn eu tro a mae e wedi cyflwyno nifer o enwe newydd i fi, ddim bob amser yn llwyddiannus ond mae'r gyfartaledd yn uchel.

Pan oedd e tua 15-16 oed aethon ni gyda'n gilydd i Earls Court yn Llundain i weld Bruce Springsteen a'r anfarwol E Street Band. Nos Sul oedd hi, a wedi noson wych fe yrron ni nôl a chyrredd adre am ryw dri o'r gloch y bore. Doedd dim siâp ar yr un ohonon ni'r bore trannoeth, felly aros yn y gwely a chodi'n hwyr wnaethon ni. Fe allen i fod wedi rhaffu celwydde er mwyn esbonio absenoldeb Rhys o'r ysgol y diwrnod hwnnw, ond benderfynes i fod yn strêt. Ysgrifennes i nodyn yn egluro'i fod e wedi aros adre oherwydd blinder yn sgîl y daith i weld Brooce, taith yr o'n i'n ystyried yn rhan hanfodol o'i addysg gerddorol e. A bendith ar yr ysgol – glywodd yr un ohonon ni air pellach am y peth.

A dros y blynydde, ma'r ddau ohonon ni wedi teithio gyda'n gilydd fel deuawd gan adael Siân druan ar ôl (fe fydde hi'n fwy caeth i amserlen gwaith). Yr antur fawr gynta oedd taith i Galifforina, gan gychwyn yn San Francisco a gorffen yn San Diego, finne newydd adael Radio Cymru a Rhys newydd orffen ei flwyddyn gynta yn y coleg. Fe fu 'na nifer o uchelbwyntie, a'r mwya falle ar ddiwedd y daith pan arhoson ni mewn gwesty yn San Diego reit ar y ffin â Mecsico. Roedd goleuade Tijuana'n glir. Dyma benderfynu croesi, rhywbeth digon cyffredin ond dan reolaeth lem. Roedd yn rhaid dal bws a elwid yn 'Mexicoach' (na, dwi ddim yn cellwair) oedd yn mynd â chi'n ddidrafferth dros y ffin ac yn eich gollwng chi ynghanol marchnad dan-do Tijuana. (Roedd y ffordd nôl yn llai hamddenol – pawb yn gadael y bws un ochr o'r ffin, cerdded drosodd gan ddangos pasbort a chynnwys unrhyw fag, cyn ailymuno â'r bws.) Roedd y cyferbyniad â chyfoeth Califfornia'n amlwg o'r cychwyn, a'r strydoedd yn hynod o lwm, a thawel hefyd. Ces i gynnig viagra gan y boi cynta welson ni. Gwahoddodd un arall fi 'and your young friend' i sioe o natur annelwig, a chawson ni gynnig tynnu llun ar gefn asyn gan ffotograffydd (a rwy'n defnyddio'r gair yn llac) oedd ag un camera hen-ffasiwn gyda llenni o'i amgylch, a dau fwced llawn cemege! Gymrodd hi ddim yn hir i ni sylweddoli taw dal y bws nesa nôl oedd galla'. Ac i ladd amser, aethon ni am ddiod yn Hard Rock Café Tijuana (oedd yn gyfreithlon i Rhys, lle nad oedd yng Nghaliffornia, lle mae oed yfed yn un ar hugain). Mae pob Hard Rock trwy'r byd yn cael ei addurno â memorabilia cerddorol. Ond peth rhyfedd oedd gweld poster *vintage* yn Tijuana yn hysbysebu noson o 1962 – gyda'r Beatles yn Abertyleri!

Roedd yna fwy o amser i'w ladd cyn dala'r Mexicoach, a chafodd y ddau ohonon ni'r un syniad – ac o ganlyniad, rhywle yn ein tŷ ni mae 'na lun du a gwyn o ddau ffigwr aneglur mewn sombreros a ponchos ar gefn 'burro' trist iawn yr olwg. Arriba Tijuana!

Yn nes at adre a blwyddyn yn ddiweddarach, aeth y ddau ohonon ni lan at gefndryd yr Alban. Cafodd yr awyren o Fryste ei gohirio am orie a wedi i ni gyrraedd Glasgow, roedd hi'n annhebygol y bydden ni'n cyrraedd y fferi ola i ynys Bute mewn pryd. Fe allen i fod wedi chwilio am rywle i aros yn Glasgow, ond benderfynes i taw dal y trên i Wemyss Bay (lleoliad y fferi), a gweithio'r cam nesa o fan'na, oedd galla. Y gwaetha alle ddigwydd fydde cysgu ar y platfform ondife? Trwy hyn oll, wrth gwrs, ro'n i'n sicrhau Rhys bod popeth yn ei le; dim problem. Cyrraedd

Wemyss Bay a gofyn i yrrwr tacsi'n cludo ni i'r pentre nesa lle ddyle fod 'na *b'n'b*. A dyma fe'n cofio bod hen westy'r Wemyss Bay Hotel wedi cael adnewyddiad a falle, falle wedi ailagor. Gyrhaeddon ni, ac er taw ond y bar oedd wedi agor go iawn, roedd y perchennog newydd yn hapus iawn i gymryd ein harian (parod) ni os o'n ni'n fodlon aros yn yr unig stafell wely oedd yn hanner parod. Roedd honno'n lân, felly cytunwyd. Yn y bar, roedd 'na ddigon o gynnwrf, gyda gêm bêl-droed ryngwladol ar y bocs (Rhys yn hapus felly) a thipyn o fynd a dod – oherwydd ar wahân i'r codi peintie wrth y bar, roedd y gegin yn dyblu fel têcawê Indiaidd.

Rhoison ni *test drive* da i'r stafell (digon cyfforddus), gan glirio tipyn o aer o'r sustem ddŵr. (Bob tro y bydden ni'n agor tap, roedd 'na ddigon o sŵn i ddeffro'r meirw.) A chysgon ni'n dda, gan godi'n ddigon cynnar i weld y perchennog ar ei ffordd nôl o'r siop Spar gyda chwdyn oedd yn cynnwys ein brecwast ni. Trodd popeth mas yn iawn, a'r wers werthfawr ddysgodd Rhys oedd nad oedd Dad bob amser yn gwbod beth oedd e'n neud. (Ôl-nodyn: mae'r Wemyss Bay Hotel/Takeaway bellach yn adfail ac ar fin cael ei ddymchwel.)

Gyrhaeddon ni Rothesay ddiwrnod yn hwyr, ond derbyn yr un croeso cynnes ag arfer. Ar ôl clywed am Tijuana, roedd Siân wedi rhoi siars i fi fod yn fwy cyfrifol wrth 'edrych ar ôl' Rhys. Roedd gan Fraser, y cefnder, gwch bychan a roedd e hefyd yn berchen ar reiffl ysgafn. 'Paid â gadel i Rhys fynd ar y cwch na chware gyda'r gwn' oedd y gorchymyn, felly beth oedd dyn a'i fab i'w wneud? Oes, mae llun o Rhys ar y cwch gyda'r gwn.

Gyda'r darganfyddiad am natur ffaeledig ei dad yn y

cof y trodd Rhys arna i yn Efrog Newydd. Roedd y ddau ohonon ni wedi mynd yno ynghanol Ionawr oer a gwyntog, ond wedi paratoi at hynny. Wel, un yn fwy na'r llall falle, achos ro'n i wedi prynu pâr o sgidie mawr gaeafol, ond heb eu torri nhw mewn. Wrth i fi gloffi wrth gerdded, arhoson ni am funud i fi ailosod fy sanne, ac erbyn hyn roedd 'y 'nhraed i'n gwaedu. Wel os do fe! Ces i row gystal â 'run gan 'yn rhieni erio'd a chael fy hebrwng, bron gerfydd 'y nghlust, nôl i'r gwesty i newid i sgidie llai addas ond tipyn mwy cyfforddus. Newidiodd ein perthynas ni y diwrnod hwnnw, er gwell mae'n siwr (ond peidiwch â dweud hynny wrtho fe!). Ar y daith honno hefyd ges i sgwrs â'r actor enwog Alan Alda, fe a'i wraig yn cerdded tuag at Rhys a finne ar hyd llwybr cul yn Central Park. Wel, dwi'n gweud 'sgwrs' – wedon ni'n dau 'Good morning' wrth basio'n gilydd.

Un arall (yr ola, wi'n addo!): aethon ni'n dau (Rhys a fi, nid Alan Alda a fi) i New Orleans a throi'n syth at yr enwog Bourbon Street. Os y'ch chi'n hoff o strydoedd hynafol, swnllyd, llawn goleuade llachar, gyda balconis sy'n gartre i fenywod 'croesawgar', a lot fawr o bobol feddw, dyma'r lle i chi. (Nid i fi – ma' Wind Street Abertawe ar nos Wener yn ormod.) Edrychodd Rhys a fi ar ein gilydd, gyda'r cwestiwn 'beth ddiawl y'n ni'n neud fan hyn?' ym meddwl y ddau ohonon ni. Wrth lwc, mae 'na ddigon o lefydd llai amheus yn New Orleans, yr un mor swnllyd, lliwgar a llachar ond llai, lot llai, taci. A mae 'na gerddoriaeth wych ymhob man. Dreulion ni un noson yn symud o un bar i'r llall, pob un â band – gospel, gwlad, *blues*, *bluegrass* – gan orffen mewn lle hynod dywyll oedd â chantores oedd yn gorfod dringo dros ei phiano 'grand', oedd wedi'i wasgu'n dynn i gornel, er mwyn cyrraedd y nodau. Rhan o'i repertoire oedd y gân 'Without You' ('I can't liiiiive, if living is without you' – honna), gyflwynodd hi fel *hit* Mariah Carey, ond wedi'i sgwennu gan Harry Nilsson. Nawr, roedd Nilsson yn gyfansoddwr gwych, a chafodd ynte lwyddiant mawr gyda 'Without You', ond nid fe sgwennodd hi. Pete Ham (Badfinger) o Abertawe oedd y cyfansoddwr, a ro'n i'n teimlo rheidrwydd cerddorol a gwladgarol i addysgu'r gantores am hyn. Rwy'n ame'n fawr os wnaeth hi 'nghredu i.

A dyna ni, rhai o anturiaethe Rhys a Ger. Ac er bod y cyw melyn ola (cynta, yr unig un) wedi gadael y nyth, (a wedi creu gyrfa lwyddiannus a chreadigol iddo fe'i hunan), mae'n syndod pa mor amal y mae e'n dychwelyd, neu fel bydd e'n gweud: 'wi'n mynd gartre, a wedyn wi'n dod gartre gartre'.

Y Ffordd

O rwy'n cerdded dow dow ar y ffordd
Rwy'n cerdded dow dow ar y ffordd
'Sdim pwrpas imi frysio, daw pethe fel y dôn
Rwy'n cerdded dow dow ar y ffordd

Daw profiad bob dydd ar y ffordd
Daw profiad bob dydd ar y ffordd
Mae rhai sy'n torri calon a rhai sy'n magu ffydd
Daw profiad bob dydd ar y ffordd

Rwy'n cyfri pob cam ar y ffordd
Rwy'n cyfri pob cam ar y ffordd
Mae pob cam mlaen yn werthfawr a phob cam gwag yn wers
Rwy'n cyfri pob cam ar y ffordd

Mae rhwystre di-ri ar y ffordd
Mae rhwystre di-ri ar y ffordd
Dyw'r siwrne ddim yn syml ond rwy'n gwbod ble rwy'n mynd
Mae rhwystre di-ri ar y ffordd

Hewl agored, awyr iach, coesau byrion, camau bach
Gweld y ffordd ymlaen yn ddigon clir
Sylweddoli erbyn hyn nad yw'r byd 'ma'n ddu a gwyn
A na fydd hi fyth yn siwrne hir

Does neb ond y fi ar y ffordd
Does neb ond y fi ar y ffordd
Mae 'na gant a mil o lwybre ond dyma'n llwybr i
Does neb ond y fi ar y ffordd

A rwy'n cerdded dow dow ar y ffordd
Rwy'n cerdded dow dow ar y ffordd
'Sdim pwrpas imi frysio, daw pethe fel y dôn
Rwy'n cerdded dow dow ar y ffordd

Fy hoff lun ohono i a Siân – Califfornia 1982

Yng ngeirie'r Grateful Dead, 'What a long, strange trip it's been'. Bron i hanner can mlynedd o sgwennu caneuon, canu mewn grwpie, teithio Cymru (a weithie'r tu hwnt), dod i nabod pobol o bob cwr – am fraint!

A ma'r caneuon yn dilyn eu cwys eu hunen: wedi'u gorffen a'u recordio maen' nhw mas 'na, rhai'n cael derbyniad gwell na'i gilydd, a does dim dal pa rai sy'n cydio gyda chynulleidfa a pha rai sy'n cael eu hanghofio'n syth – yn sicir nid y cyfansoddwr sy'n penderfynu hynny.

Mae 'na dros hanner cant o 'nghaneuon i wedi cael eu recordio a falle bydd un neu ddwy'n para wedi i fi fynd. Ond mae pob un ohonyn nhw'n golygu rhywbeth i fi, os nad i neb arall – maen nhw'n bersonol ac yn perthyn i bawb ar yr un pryd.

Dros y blynydde, mae'r arddull wedi newid (a gwella, gobeithio), yn enwedig o ran y geirie, sy' wedi mynd yn symlach a llai blodeuog neu farddonllyd. A does 'na'r un sy'n symlach na hon – 'Y Ffordd'. Mae'n rhan o'r ail CD i fi ei chyhoeddi fel unigolyn, record oedd yn dilyn arddull *Hen Hen Bryd* Mynediad am Ddim. Fel honna, recordies i hi yn stiwdio'r Efail gyda Myfyr Isaac wrth y ddesg, gan recordio mwyafrif yr offerynnau a'r lleisie fy hun y tro 'ma. Casgliad gwerinol ei naws yw *Fel 'na mae*, gyda 'nghyfyngiade cerddorol i'n mynnu bod pethe'n aros yn ddigon elfennol. Serch hynny, rwy'n credu bod 'Y Ffordd' yn gweud rhywbeth, yn sicir amdana i, a hynny mewn ffordd uniongyrchol o syml.

Fe alle pethe fod wedi bod mor wahanol. Petawn i heb gwrdd ag Elgan, fydden i wedi dechre sgwennu caneuon o gwbwl? A heb ddewis yr un wthnos yng Nglan-llyn â Derec a Delwyn, fydde 'na Hergest? Fydden i wedi gneud unrhyw beth i dynnu sylw Mynediad am Ddim? Petawn i heb adel cwrs ymarfer dysgu a mynd am y swydd gynta weles i, fydden i wedi sgwennu 'Hei Mistar Urdd', a thrwy hynny cwrdd â Ray Gravell, gyflwynodd fi i Lyn Jones, arweiniodd at yrfa ym myd radio? A heb gefnogeth Siân ar hyd y blynydde fydden i wedi gallu bod o adre mor amal yn perfformio neu recordio?

Licen i ddweud bod y catalog o ganeuon, y cyfnod hir mewn grwpie, a 'mywyd i'n gyfan o ran hynny, yn ffrwyth llafur caled, ymroddiad, talent a gweledigeth. Ond y gwir syml amdani yw – rwy jyst wedi bod yn ddiawl bach lwcus.

Cyfrolau eraill sy'n dwyn atgofion
drwy ganeuon:

LINDA GRIFFITHS

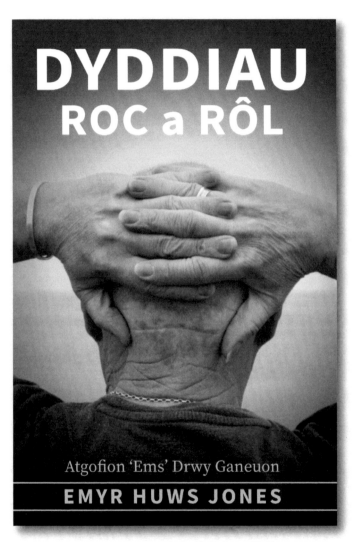

DYDDIAU
ROC a RÔL

Atgofion 'Ems' Drwy Ganeuon

EMYR HUWS JONES

EMYR HUWS JONES

DOREEN LEWIS

RICHARD JONES